El Sonido de la Lluvia

El Sonido de la Lluvia

De cuentos y otras técnicas narrativas
para el trabajo terapéutico con niños.

Carmen Susana González Montoya
Verónica Arredondo Leal

Prólogo de María Rosario Espinosa Salcido

Número de Control de la Biblioteca del Congreso de EE. UU.:   2014905819
ISBN: Tapa Blanda   978-1-4633-8144-8
                         Libro Electrónico   978-1-4633-8143-1

Foto portada por Daniel Meza Arredondo.

Este libro fue impreso en los Estados Unidos de América.

Fecha de revisión: 30/05/2014

Para realizar pedidos de este libro, contacte con:
Palibrio LLC
1663 Liberty Drive
Suite 200
Bloomington, IN 47403
Gratis desde EE. UU. al 877.407.5847
Gratis desde México al 01.800.288.2243
Gratis desde España al 900.866.949
Desde otro país al +1.812.671.9757
Fax: 01.812.355.1576
ventas@palibrio.com
434870

ÍNDICE

Dedicatorias

A mi familia pasada, presente y futura

A Alex, compañero de vida

**A los niños y sus familias que nos
permitieron entrar en su mundo para
llorar, crecer y reír juntos.**

Carmen Susana González Montoya

**A mi madre, de quien aprendí el valor
de las historias y su mágico poder.**

**A Raúl, mi esposo, y a mis hijos
Raúl y Daniel por su apoyo constante y amor.**

**A los niños y sus familias,
por su sabiduría para cambiar.**

Verónica Arredondo Leal.

Prólogo

Hay libros que se leen fácilmente, hay otros que despiertan diferentes emociones y unos más que aportan conocimientos valiosos y dignos de ser replicados. El libro *El sonido de la lluvia* reúne esos tres ingredientes. Los autores abordan temas sensibles como la muerte de un ser querido, los trastornos obsesivo compulsivos, la incapacidad física y la desintegración familiar por divorcio; y guían al lector por el camino de las definiciones, las explicaciones y las propuestas de intervención.

En esta obra se presentan técnicas derivadas de los modelos de Terapia Breve y Narrativa, en el primer caso destacan el cuento y las metáforas que inducen el trance hipnótico, captando y delimitando la atención de los participantes hacia lo que es relevante para el cambio; se hace uso del rapport, que es un estado de interacción con el niño y la familia, para dar paso al reencuadre, reinterpretando situaciones a las que se les ha dado una interpretación negativa. Cuando el reencuadre se usa de manera afectiva, como se aprecia en los casos clínicos del manuscrito, se produce una repentina reorientación, seguida de una oleada de emoción, lo que de acuerdo a Humberto Maturana, convierte hechos poco relevantes en situaciones significativas, abriendo la puerta a la co-construcción de nuevas narrativas.

El uso de cuentos, anécdotas, historias y narraciones en la terapia familiar, tiene una larga data, desde Milton Erickson hasta Michael White, encontramos que las palabras tienen magia, la magia del cambio y la construcción de nuevas percepciones del mundo y del sí mismo.

La utilización del cuento en la familia con un hijo con discapacidad, y como parte del ritual de despedida y cierre de un proceso terapéutico en otra familia que ha perdido al padre, señala momentos cruciales y nos enseña que todas las sesiones –iniciales, intermedias y finales– son momentos mágicos y oportunidades para ayudar a los consultantes a reescribir su vida.

En el caso de la niña con dificultades alimenticias, se demuestra el gran poder del reencuadre en el cambio de percepción de la realidad y la creación de un contexto propicio para cocrear narrativas que generen el empoderamiento de las personas. El incorporar rituales en la terapia familiar es muy efectivo, ya que proporciona a la familia un contexto para expresar sus sentimientos más profundos, generando la aparición de conductas que favorecen el crecimiento emocional, espiritual y cognitivo de los miembros. Los rituales aumentan la motivación, promueven nuevos recursos, limitan el miedo al cambio e incorporan, en ocasiones, el desarrollo del sentido del humor.

Sensibles a los problemas psicosociales que afectan a las familias, las terapeutas abordan en el apartado final, el difícil y doloroso momento que viven las parejas, y especialmente los hijos ante el divorcio de sus padres, exponen el proceso terapéutico posible, las características que pueden presentar los niños ante la angustia reinante y la propuesta narrativa que permea todo el libro.

Las autoras muestran que no sólo es contar cuentos, sino desarrollar diálogos significativos, donde las historias se convierten en prácticas vividas, en narraciones colaborativas que reflejan nuevas identidades libres de las limitaciones que implican los problemas. El cuento se convierte en un diálogo enriquecedor y liberador de opresión y culpas, cuando utilizan preguntas –acorde a las ideas de Jerome Brunner– y lenguaje externalizante –según Michael White y David Epston–, proporcionan un recurso lingüístico que el niño puede relacionar con su conocimiento particular e imaginación, para desarrollar nuevos significados e ideas novedosas.

Los terapeutas nos recuerdan la importancia de la comunicación lúdica en la Terapia Familiar, especialmente en el trabajo con niños, donde optan por la diversión, curiosidad e interacción cercana, así como el uso de medios escritos como los dibujos que marcan un contexto colaborativo. Los casos clínicos se presentan con la claridad suficiente para entender la composición y etapa de vida de la familia, así como la dinámica e intervención realizada. Por ejemplo: familias compuestas por padres e hijos o extensas, los estilos parentales, los roles asignados y asumidos, el sistema de creencias y recursos. En cuanto a los procedimientos, plantean y justifican porqué sesiones individuales o conjuntas, y los conceptos teóricos necesarios sobre la temática particular que trae la familia a terapia. En las intervenciones, dan un papel relevante a la normalización, a la expresión de las emociones, a la búsqueda de recursos, al diseño cuidadoso de rituales, al uso de escalas subjetivas y también utilización de fotografías familiares.

Al final de cada caso se explica al lector los modelos e ideas teórico metodológicas que guiaron la intervención clínica, lo que convierte este libro en una herramienta útil tanto para clínicos que inician su formación como para aquellos con mayor experiencia. Una enseñanza más a extraer de *El sonido de la lluvia* es que el trabajar enfoques narrativos no implica el abandono de otros saberes terapéuticos, sino que las intervenciones se mueven al ritmo siempre complejo de las necesidades y problemas familiares, produciendo un acoplamiento generador de nuevas narrativas.

Es un libro que nos enseña, paso a paso, cómo bordar nuevos paisajes con hilos de diferentes colores y nos presenta la idea de una familia unida en busca de la solución a sus conflictos, acompañada de un terapeuta, pero los miembros de la familia se convierten en sus propios sanadores al reinventar, redescubrir y recordar recursos olvidados.

Tal vez alguno de los lectores piense que para hacer uso de medios narrativos deberían ser muy buenos escritores o tener cualidades fuera de lo común, en esta obra se detecta que el terapeuta debe dejarse envolver por el discurso de las personas, permitirse entrar en el relato del otro y hacer camino juntos. La tarea, entonces, es lograr ubicar los temas llevados por la familia a terapia, en forma de relato simbólico, en forma de cuento, en ocasiones construyendo un cuento específico para cada familia o contar una historia conocida cuyo mensaje podría ser adecuado para la persona.

Considero que la Terapia Familiar con la construcción de historias resignifica el lenguaje a su valor constitutivo de nuestra identidad, ya que el lenguaje puede dar a los hechos la forma de relatos de esperanza, de competencia, de superación del dolor, de felicidad y salud, como se aprecia a lo largo de este trabajo. Asimismo reitero mi reconocimiento a estas autoras mexicanas, por dar a conocer su práctica clínica y ser un ejemplo para animar a escribir a todos aquellos terapeutas familiares que realizan trabajos exitosos.

María Rosario Espinosa Salcido
Enero de 2014

Introducción

El sonido de la lluvia es un libro que tiene una larga historia, la cual inició en 2005.

Un grupo de terapeutas familiares de la FES Iztacala, con una gran inquietud por integrar algunos recursos narrativos en la práctica clínica, incluimos algunos relatos y rituales terapéuticos a las sesiones de psicoterapia que estábamos desarrollando. Así que, en primera instancia, no sabíamos que con el tiempo y a partir de ese particular interés, resultaría este libro.

Posteriormente, Susy González propuso que documentáramos los casos trabajados y refiriéramos el modelo y la estructura terapéutica aplicados, con la intención de publicarlos como artículos en la Revista electrónica de Psicología de la FES Iztacala, en la que aparecieron dos de ellos: uno en diciembre de 2006 y el otro en diciembre de 2008. Y aunado a esto, en 2013, uno de ellos, "Duelo y rituales terapéuticos desde la óptica sistémica" apareció publicado en la Revista de la Asociación Mexicana de Terapia Familiar.[1] Esto motivó ciertamente nuestro trabajo y pensamos desde ese entonces en hacer un libro que recopilara los mencionados artículos, con la intención de compartir los resultados y la forma en que utilizamos diversas estrategias narrativas en psicoterapia sistémica con niños y sus familias.

---

[1]   En cada uno de los capítulos se precisa la fecha y el lugar de la primera publicación, si la hay, ya que los dos últimos capítulos fueron escritos para este libro.

De esta manera, a partir de las variadas narrativas de cuatro familias y sus específicas problemáticas, intentamos por un lado, dar cuenta de sus esfuerzos por solucionar algunas condiciones que les preocupaban y les hacían padecer; y por otro, mostrar de manera muy didáctica o detallada la forma en que se procedió con cada familia y los pasos y recursos que se eligieron para las sesiones. Debido a lo anterior, cada capítulo tiene su singularidad por las temáticas que trata y los recursos narrativos utilizados, pero lo que le da unidad a este libro es que cada capítulo presenta primero una parte teórica, después la descripción del caso y los recursos narrativos utilizados, y finalmente, una breve reflexión teórica sobre los aspectos generales y resultados de las situaciones presentadas. Sistematizar de este modo nuestro trabajo no significa que deba ser un método rígido y exacto, porque sabemos que cada caso es único, por lo que sólo estamos compartiendo la forma en que para nosotros fue enriquecedor el uso de historias y recursos narrativos como los dibujos, a partir de los cuales el niño pudo construir un relato de su propia percepción de las situaciones que le afectaban. Sin embargo, lo que sí es importante resaltar es que las historias generadas en este libro, pueden utilizarse con otras familias en similares situaciones, porque el mensaje indirecto de los relatos toca lo colectivo y universal, es un mensaje "que el inconsciente construye, descubre y extracta del conjunto de la narración, mientras que el consciente se deleita con los detalles de la historia"[2]

¿Y por qué historias, cuentos y relatos?

Porque sabemos que contar historias o cuentos es una práctica ancestral, que es muy importante en la vida de todas las culturas, ya que transmiten sus valores, sus costumbres, tradiciones y la sabiduría del grupo, de generación en generación.

"Las historias están conectadas con la sabiduría milenaria del pensamiento humano" refieren Marcelo Álvarez y Yolanda Aguirre[3], y añaden que:

---

[2] Aguirre Gómez, María Yolanda y Álvarez Córdova, Marcelo. *Historias para contarse…y crecer juntos.*
(2007) México. Ed. Alom editores en coedición con Grupo editorial Cenzontle. pág. 23.

[3] El Dr. Marcelo Álvarez Córdoba y la Maestra María Yolanda Aguirre Gómez son director y subdirectora respectivamente del Instituto Milton H. Erickson de Cd. Nezahualcóyotl, y tienen una reconocida experiencia en el trabajo con historias terapéuticas.

"...en el ejercicio de la psicoterapia, explorando diversas formas de lograr que la persona encuentre el mejor camino para lograr sus objetivos, que encuentre sus propios recursos y haga contacto con su sabiduría interna, hemos encontrado que contar historias es una forma maravillosa de envolver para regalo la idea de examinar aspectos que previamente no habían sido tomados en cuenta, de generar ideas nuevas o nuevas percepciones; en más de alguna ocasión, la historia en sí ha sido la intervención terapéutica"[4]

El título de este libro hace alusión al proceso de reconocimiento de las historias colectivas universales en nuestro inconsciente...como si se tratara de *El sonido de la lluvia*, al cual conocemos desde siempre. Podemos identificar su ritmo, su cadencia, su fuerza y su especial poder para despertar en el "escucha" la receptividad, su capacidad de alerta, y sobre todo, conectarlo con los recursos internos para dar un sentido individual a aquellos "sonidos básicos", como el de la lluvia, que tienen que ver con la vida misma.

La publicación de este libro, como todo proyecto, implicó la participación de muchas personas, desde aquellas que indirectamente nos motivaron y apoyaron en las reflexiones teóricas, como son los autores de las fuentes consultadas, hasta las personas que nos acompañaron día a día en esta aventura. A todos ellos, infinitas gracias por su apoyo.

Queremos expresar nuestra especial gratitud a la Dra. María Rosario Espinosa Salcido[5], psicoterapeuta, docente universitaria e investigadora excepcional, y también excepcional amiga, quien tan amablemente aceptó prologar este libro vertiendo sus conocimientos y comentarios siempre profesionales, amables y orientadores.

---

[4] Aguirre y Álvarez. Op.cit. pág. 18

[5] Profesora e investigadora de tiempo completo de la FES Iztacala de la Universidad Nacional Autónoma de México. Coordinadora del Diplomado de Terapia Familiar Sistémica. Docente investigadora y supervisora de la Maestría de Terapia Familiar de la FES Iztacala. Ha fungido como editora general de la Revista de Psicología y Ciencias Sociales de la FES Iztacala y también ha sido editora de la Revista de la Asociación Mexicana de Terapia Familiar.

Queremos también hacer patente nuestro agradecimiento a Ricardo Rivas Bárcena[6], quien como parte del equipo, enriqueció con su trabajo y profesionalismo las sesiones terapéuticas y los artículos de los dos primeros casos presentados en este libro.

Gracias también a Daniel Meza Arredondo por regalarnos la hermosa foto de la portada.

Y finalmente, deseamos hacer un especial reconocimiento a los niños y niñas que nos motivaron a realizar sesiones enriquecidas con recursos narrativos, agradecerles su entusiasmo y complicidad para hacer de las sesiones un espacio mágico donde el foco central era la historia de algún "otro" protagonista; agradecemos también a sus familias por la confianza y por compartir la curiosidad y sorpresa de sus hijos ante esta refrescante forma de hacer terapia. Mil gracias de verdad, desde lo profundo de nuestro corazón.

Las autoras.

---

[6] Lic. en Psicología por la FES Iztacala UNAM y Mtro. en Terapia Familiar por el IFAC. Actualmente, es psicólogo del Centro de Adicciones del DIF de Naucalpan, Edo. de México. También tiene una práctica clínica privada regular en la Cd. de México.

Capítulo 1

MI ABUELO MIGUEL
Duelo y rituales terapéuticos desde la óptica sistémica[7]

Ricardo Rivas B., Susana González M. y Verónica Arredondo L.

RESUMEN

La pérdida de un ser querido es la mayor crisis a la que tiene que hacer frente un sistema familiar, ya que amenaza su existencia y, como sabemos, el principal objetivo de un sistema abierto es desarrollar mecanismos de adaptación que le permitan continuar existiendo en cualquier circunstancia. El empleo de rituales, como mecanismos de adaptación, fue básico para el manejo terapéutico de una familia en duelo, porque permitieron rescatar aspectos que unieron más a los integrantes y esclarecieron el trabajo individual a realizar por cada miembro de la familia. Las técnicas terapéuticas empleadas propiciaron actitudes diferentes en los integrantes, que se reflejaron en cambios que favorecieron el restablecimiento del sistema familiar.

---

[7] Artículo publicado en la Revista electrónica de Psicología Iztacala. Vol 11 No. 4. Universidad Nacional Autónoma de México. FES Iztacala. Dic. 2008 págs. 128-148. Posteriormente también se publicó en la revista de la Asociación Mexicana de Terapia Familiar AMTF. (2012) México, D. F. Vol. 25 No. 2 pp. 42-53. México D.F.

Duelo Familiar

El duelo es la reacción normal después de la muerte de un ser querido, el cual supone un proceso más o menos largo y doloroso de adaptación a la nueva situación. Elaborar el duelo significa ponerse en contacto con el vacío que ha dejado la pérdida, valorar su importancia y soportar el sufrimiento y la frustración que comporta. La intensidad y duración de este proceso depende de muchos factores: tipo de muerte (esperada o repentina, apacible o violenta, etc.), de la intensidad de la unión con el fallecido, de las características de la relación con la persona que falleció (dependencia, conflictos, ambivalencia), de la edad, entre otros factores.

A partir de los años 90 se empiezan a realizar cada vez más investigaciones y artículos que analizan y relacionan los temas de Duelo y Familia desde una perspectiva sistémica. Es Bowlby (1980), el primero en definir el concepto de **Duelo Familiar** como el "proceso que se pone en marcha a raíz de la pérdida de uno de los miembros de la familia". Ante esta situación, si el sistema tiene suficientes recursos, reaccionará con un cambio adaptativo; si no los tiene, el sistema puede estar en riesgo de desaparecer.

La reorganización del sistema familiar necesita tiempo, mientras tanto, sigue vigente la amenaza de desaparición, por lo que es necesario adoptar una conducta de defensa de la integridad del sistema. La familia pone en marcha una serie de mecanismos defensivos, reforzados socioculturalmente, que tienen como objetivo su mantenimiento:

Conducta defensiva de la Integridad Familiar

1. - Reagrupamiento de la familia nuclear.

2. - Intensificación del contacto con la familia extensa o con personas cercanas, afectivamente, a la familia.

3. - Disminución de la comunicación con el medio externo.

4. - Apoyo socio-cultural a la continuidad de la familia.

5. - Exigencia de tregua en los conflictos familiares.

6. - Conductas frecuentes de debilidad y reclamantes de protección.

Reorganización Familiar durante el Duelo

En la primera etapa es donde los rituales van a jugar un papel importante (Imber-Black, 1991). La velación del cadáver, los funerales, el entierro, los rosarios, las visitas de la familia y amigos, y otras acciones relacionadas, van a permitir que las personas se expresen abiertamente sobre la pérdida, favorecen su aceptación y crean un contexto adecuado para la expresión emocional.

Greaves, 1983; y Gilbert, 1996), consideran que el objetivo del duelo es establecer las bases de un nuevo Sistema Familiar, que surge del anterior pero que será diferente. La desaparición de un miembro en una familia trae consigo la necesidad de vivir las siguientes etapas:

1.- Aceptación familiar de la pérdida.

2.- Reagrupamiento y reorganización familiar.

3.- Reorganización de la relación con el medio externo.

4.- Reafirmación del sentimiento de pertenencia al nuevo sistema familiar.

Van der Hart (1983) distingue en todo ritual un aspecto formal y un aspecto vivencial, que forman un todo indisoluble. Un rito desde el aspecto formal prescribe un conjunto de acciones simbólicas que han de ejecutarse de un modo determinado y en cierto orden (tiempo y lugar adecuados) y pueden o no estar acompañados por fórmulas verbales. El componente vivencial implica la exigencia de un fuerte compromiso en su realización, sin el cual la experiencia carecería de significado privado, convirtiéndose en algo vacío.

Las funciones más relevantes de los rituales son:

1. Regular el funcionamiento social y familiar, y permitir una evolución suave.

2. Transmitir la cultura, valores y normas de una generación a otra en grupos y familias.

3. Coordinar el pasado, presente y futuro social y familiar.

4. Señalar y respaldar las transiciones del ciclo vital.

5. Aportar significados a las conductas, cogniciones y afectos, evocar emociones intensas que unen, en una misma experiencia, fenómenos diversos.

Tipos de rituales

1. Rituales de Transición

Marcan el final de una etapa de desarrollo y comienzo de otra nueva. Transforman los roles y estatus de los participantes, organizan sus estados internos afectivos y cognitivos e introducen cambios prescritos en sus relaciones, que quedan reemplazadas por otras nuevas y cualitativamente diferentes (Gluckman, 1965).

2. Ritos de Continuidad:

Se ejecutan repetidamente, siendo su finalidad mantener la normalidad dentro de cada etapa del ciclo vital. Entre los ritos de continuidad se encuentran dos tipos: los telécticos y los de intensificación.

a) Telécticos: Pueden ser diarios, semanales o anuales. Significa desprenderse de lo viejo y dar la bienvenida a lo nuevo.

b) Intensificación: Se dan en grupo y coinciden con los cambios periódicos del entorno. En nuestra cultura, la ausencia de rituales de continuidad conduciría a la ambigüedad y confusión acerca de los roles dentro de la familia (Leach, 1976). Los 3 tipos de rituales de intensificación encontrados en las familias son:

> Celebraciones: son eventos festejados como Navidad, Año Nuevo, o día de Reyes. La universalidad de sus símbolos aporta a la familia una identidad cultural.

> Tradiciones: como aniversarios, cumpleaños y vacaciones, están menos establecidas culturalmente y forman parte de la identidad de cada familia, estableciendo diferencias entre familias de una misma cultura.

> Rutinas de la vida cotidiana: son actividades diarias que son habituales, de las que no se hace mucha conciencia, aunque

tienen contenido simbólico, desarrolladas en torno a la hora de la comida, la hora de acostarse, las visitas de amigos o familiares y momentos de ocio.

Rituales y trabajo terapéutico.

Dentro de los medios dirigidos hacia la superación del duelo, está la terapia familiar, que es un espacio de trabajo emocional donde el terapeuta dirige sus esfuerzos para que la familia pueda sobrellevar este proceso. El uso de los rituales *le sirven al terapeuta para provocar cambios en la familia, también le ayudan en la evaluación del funcionamiento de ese sistema familiar. Todo ritual debe ser lo suficientemente flexible para así adaptarse a las nuevas necesidades individuales y colectivas.* La primera etapa de la terapia es evaluar la situación familiar, traduciendo los problemas a términos concretos, estableciendo en qué etapa del ciclo vital se encuentra la familia y qué transiciones tiene que afrontar. En segundo lugar, se evalúa el tipo y estructura de los rituales de intensificación, reguladores de la vida familiar (incluyendo celebraciones, tradiciones y rutinas) y su grado de adaptación a los cambios evolutivos.

Roberts (1991) considera que existen ventajas cuando se trabaja con rituales en terapia, porque motivan a los pacientes a realizar el cambio necesario, es decir, promueven recursos de transformación, que permiten arropar el sufrimiento de los síntomas y del cambio, el temor de abandonar lo conocido, la necesidad eventual de padecer dolor para descubrir lo nuevo, y al mismo tiempo abrirse al alivio, alegría, compromiso, y al sentido del humor de los participantes en la terapia.

Los rituales llamados terapéuticos son empleados para resolver problemas y eliminar síntomas, muchas veces ocasionados por la ausencia de adecuación de los dos primeros tipos de rituales (transición y continuidad). Los rituales terapéuticos facilitan el paso de un estado de habituación a otro nuevo y más funcional, junto con la evolución de los síntomas. A la hora de diseñar los rituales terapéuticos, el psicoterapeuta debe ser original e innovar, o bien, puede inspirarse en los tradicionales rituales de transición y continuidad. Todo ritual debe tener una fase de preparación (para crear un sólido compromiso con el ritual), de ejecución y reincorporación a la vida cotidiana.

La labor del psicoterapeuta es identificar los símbolos clave, lograr que el paciente o familia se comprometan con la nueva experiencia, ayudar en los preparativos del ritual, y tener en cuenta la importancia que el terapeuta mismo adquiere cuando sea necesaria su función como testigo del cambio. Es importante que el psicoterapeuta invite al cambio en la familia mediante el empleo de diversos rituales. Todo ritual debe ser lo suficientemente flexible para así adaptarse a las nuevas necesidades individuales y colectivas. De esta manera, los rituales resultan ser una herramienta de trabajo muy eficaz en el manejo de diversos casos, y especialmente en casos de duelo familiar.

CASO CLÍNICO

Se expone el trabajo terapéutico realizado con la familia Suárez, la cual sufrió la pérdida del padre de familia, de nombre Héctor, quien fue asesinado en un asalto. La importancia de los ritos que se emplearon para apoyar la recuperación de estabilidad en el sistema, fueron claves para lograr cambios en la familia. Todos los nombres y edades de los miembros de la familia se han modificado por cuestiones de confidencialidad.

La familia nuclear está conformada por 4 integrantes: Gloria (la viuda) de 31 años, quien trabaja como secretaria, sus hijos: Nayeli de 11 años, cursa 3° grado de primaria; Alejandro de 4, cursa preescolar; y Sofía (madre de Gloria) de 58 años, quien convive cercanamente a todos. La familia fue atendida en un primer momento por la psicóloga de la Clínica de Medicina Familiar del ISSSTE Ceylán en Tlalnepantla. Edo. De México, y canalizada al servicio de Terapia Familiar Sistémica que se ofrece en dicha clínica y que también forma parte de la formación de los alumnos del Diplomado de Psicoterapias Sistémicas y Familias, perteneciente a la FES Iztacala / UNAM, siendo el terapeuta asignado el Lic. Ricardo Rivas Bárcena para la atención de esta familia.

La primera sesión consistió en contener las emociones que expresaba la viuda, la familia nuclear y extensa (10 asistentes en total), mediante catarsis, debido a la etapa de crisis, se estableció una relación de cercanía con todos los miembros, escuchándolos y consolándolos. El mensaje central de la sesión fue "no guardarse las cosas que sentían respecto a lo que pasó"; la unión familiar y cercanía con Gloria era lo más relevante, se apoyó la estructuración de los ritos iniciales de acuerdo a la religión de la familia: misas y rosarios, también se sugirió que hablara cada miembro de la familia con quien estuviera más cercano para expresar el propio dolor. Se les citó en una semana.

Los ejes de trabajo fueron: contener las emociones por el suceso, acomodar a la familia en roles a seguir; aprovechando la cercanía de la abuela materna se propuso que apoyara en la labor del cuidado de los niños; a Gloria se le indicó apegarse al afecto de la familia extensa y nuclear. Se eligieron los modelos de narrativa y terapia breve centrada en soluciones para el trabajo con esta familia.

En la segunda sesión, el objetivo fue seguir conteniendo las emociones que expresó la familia y acompañarla en la etapa de negación. Asistió la familia nuclear y nuevamente algunos miembros de la familia extensa. Se dio la palabra a Gloria y a cada miembro asistente de la familia para empezar a trabajar en la adecuada y libre expresión del dolor. Se consideró pertinente separar a los niños de este grupo y hacer un trabajo más adecuado a su edad y en forma más personalizada, por lo que se les pidió que fueran a otra sección y que hicieran algunos dibujos bajo la supervisión de un terapeuta, con el fin de trabajar paralelamente la expresión de las emociones en los niños. Nayeli dibujó una niña llorando y Alejandro un muñeco con un tache simbolizando a su padre muerto; la niña mostró signos de estar en la etapa de negación, y no se permitió llorar, mientras que el niño expresó que su padre estaba en otro lugar, pero que regresaría después a verlo, condición que se atribuye normal a la edad del niño, especialmente cuando existen pérdidas.

Con los adultos, se normalizaron conductas como no dormir y accesos de tristeza, se reestructuraron estas situaciones diciendo que en ese momento era válido expresar sus emociones en familia y hacer los rituales indicados. Se citó en una semana.

En la tercera sesión, se trabajó principalmente con la viuda, quien mencionó que sí habían estado hablando de más cosas en familia y por más tiempo. Posteriormente, la señora Sofía señaló que empezaban a organizarse en las actividades de rutina, y que los niños pasaban por altibajos en su estado de ánimo y su alimentación. El terapeuta normalizó esta situación y propuso que comentaran en casa algunas cosas que a Héctor le gustaba hacer, para que a los niños no les resultara tan complejo asimilar su ausencia y sintieran libertad para hablar de él. A esta sesión asistió un nuevo miembro de la familia extensa, Arturo de 28 años, hermano del difunto, de oficio mecánico de autos. Esta persona señaló que tenía coraje e impotencia por no poder hacer nada para encontrar a los culpables de la muerte de su hermano, y por otra parte, manifestó también algunos problemas con su pareja, ya que él sentía necesidad de retraerse y no deseaba tener mucha convivencia con ella. El terapeuta estableció joining (confianza y empatía) con él, se le indicó que requería tener momentos en soledad para superar el duelo, ya que esto, se le dijo, es parte de los rasgos de género y también del carácter masculino; usando la metáfora de: "Los hombres somos como los lobos solitarios, nos lamemos las heridas en nuestra cueva y después de un tiempo, salimos". Arturo aceptó que tenía una relación estable con su pareja aunque en este momento se sentía muy abrumado. El terapeuta dijo que a veces es bueno explicarle a la pareja cómo se siente uno y lo que necesita para estar mejor, así se pueden construir espacios de superación de la pérdida y se le puede hacer partícipe del proceso como apoyo. Este ejemplo sirvió para ampliarlo a los demás miembros de la familia, preguntando ¿cómo han llevado cada uno el proceso?

Se amplió a la familia para que percibieran los lados fuertes, ya que, a pesar del dolor y del miedo, se mantenían unidos y hablando de sus sentimientos; por lo que se introdujo el concepto de *el miedo que paraliza*, y por otra parte, *el que impulsa a la acción*; connotando positivamente el síntoma, y la tarea sugerida fue encontrar la forma en que se puede aprovechar ese miedo que paraliza y transformarlo en energía o impulso para desempeñar sus actividades de rutina y no dejarse vencer.

En la cuarta sesión se presentaron de mejor ánimo Gloria y Sofía. Sin embargo, las dos comentaron que Nayeli estaba muy irritable, como queriendo supervisar a su madre constantemente en sus conductas, se connotó positivamente este hecho diciéndole a la niña que se le agradecía por cuidarla, porque su mamá estaba triste, pero que lo que más necesitaba era afecto y se le pidió que la abrazara.

Se hicieron preguntas de escala a toda la familia en cuanto a su estado de ánimo, la nota más alta fue de Arturo con 6, tomando como referencia el 10 como la más alta nota de bienestar; por lo que se amplió a la familia las estrategias a seguir para alcanzar niveles más altos; algunas fueron: seguir la rutina, hablar en familia, estar solo y sacar su dolor, seguimiento de las investigaciones de las autoridades en relación con el homicidio, y realizar rituales como rezos, rosarios, destinar cierto tiempo del día para hablar del dolor con alguien cercano, estos métodos fueron considerados como eficaces para sacar la ira. Se planteó la idea de tratar de recordar a Héctor con una imagen en donde se vieran compartiendo alguna actividad placentera con él, todas las noches como ejercicio de imaginación, con tranquilidad y armoniosamente.

En el cierre, se le recalcó a Nayeli que ella tenía sus propias ocupaciones en la escuela, que dejara de cuidar a su mamá, que se diera cuenta de que ella está bien y trabajando su proceso, "tu mamá está triste, necesita consuelo, entonces, si llora, está bien, también tú podrás hacerlo", lo anterior como indicación de proceso para reducir los síntomas. Se citó a la familia en una semana.

A la sesión quinta asistieron nuevamente miembros de la familia nuclear y extensa. Siguió el objetivo de contener las emociones expresadas por la familia, los objetivos particulares fueron: normalizar, reestructurar y dar seguimiento al duelo. Se dividió en dos partes la sesión:

La primera se destinó al trabajo con todos los asistentes, y la segunda, sólo con Gloria.

Se evidenciaron las excepciones en conductas diferentes; a Gloria le había dado resultado hablar con su madre y familia extensa, se complementó su logro diciendo que el tiempo es un buen aliado, y que tiene el apoyo de su madre y familia política, ya que parte de lo que dejó Héctor es el afecto y unión con su familia de origen, pues él siempre buscaba mantener esa relación en buen estado, y de esta manera, se le sugirió, la esencia de Héctor seguirá presente. Por su parte, la familia extensa comentó que hablar mucho de Héctor les ayudaba, y también llorarle. Se habló también acerca del miedo y se preguntó sobre la tarea que se les propuso hacer la ocasión anterior; la opción fue que los hombres de la familia canalizaran el coraje y sufrimiento en la investigación del caso, hablando con la familia de los avances; a todos se les dijo que empezaran a ocuparse de sus actividades cotidianas, estableciéndose también la noción de darse tiempo para superar el duelo; se normalizaron los síntomas de dolor, incredulidad, enojo e insomnio como parte del proceso, y se les recomendó que canalizaran su angustia para sacarla durante el día, por medio de los rituales inculcados, respetando el sueño como un tiempo reparador. Se dejó un ritual a diversos miembros de la familia extensa: todos los días por una hora se debería hablar de las cosas positivas que recuerdan de Héctor.

En la segunda parte de la sesión se trabajó con Gloria: se normalizó su dolor, se le indicó un ritual que implicaba comprar un cuaderno y lo forrara del color que le gustaba a Héctor, ahí escribiría cartas a su esposo, y que lo usara cuando ella sintiera deseos de expresarse. También se connotó positivamente diciendo que sus hijos están creciendo sanos y fuertes, y que eso era maravilloso, que no había necesidad de hacerse la fuerte frente a ellos y que está permitido darse tiempo para sacar las emociones.

En la sexta sesión el objetivo fue implementar actividades encaminadas a la superación del duelo. Gloria se notaba mejor en su estado de ánimo y físicamente, mencionó que en ocasiones se enoja con la gente, lo cual se normalizó comentando sobre la etapa donde parecía estar, que era la ira; sin embargo, se connotó positivamente diciéndole que había logrado avances y esto le ha servido para mejorar su estado físico y con su familia. Se preguntaron excepciones, señalaron que parece que los niños no presentaron signos de afectación severa, pues en la escuela no presentan atrasos, en casa ellos juegan. Sólo Nayeli está seria con su madre por lo que se le preguntó a la niña qué opinaba y ella dijo: "Mi mamá no puede tener otro novio, la mato ". El terapeuta le explicó a la niña que ahora mamá no va a tener otro novio y que ella está triste, por lo que a lo mejor necesita tiempo para distraerse y sacar lo que le duele, además, inculcó la idea de estructura comentando que mamá es la que cuida a los niños, no la niña a la mamá. "Sólo hay que entender un poco a mamá, es todo", le dijo el terapeuta a la niña, por último se les pidió que se acercaran y se abrazaran. Se reestructuraron las actividades rutinarias con Sofía y Gloria, específicamente en la forma de organizarse para el funcionamiento del hogar y el manejo de los niños.

Se le preguntó a Gloria por la forma en que ha intentado manejar sus emociones, mencionó que compartiendo la experiencia con amistades que le brindan su apoyo y señaló que eso la hacía sentir mejor. Lo anterior sirvió para quitar fuerza a la idea de no poder con el problema: cuando el problema se habla, hay menos sufrimiento. Para la siguiente sesión, se les pidió a cada uno, una foto de Héctor en la que estuvieran con él, o les recordara algo particular.

En la séptima sesión el objetivo fue reestructurar la imagen de Héctor en la familia por medio de técnicas específicas.

Se trabajó en la conceptualización de la diferencia entre el miedo que paraliza y el que impulsa: Gloria señaló que estuvo más con la familia y percibió un mayor impulso para seguir adelante. Arturo dijo que lo ha canalizado en el trabajo y en la investigación, Sofía en atender a los niños, y los demás miembros de la familia extensa en una mayor facilidad para ir sacando el dolor. El terapeuta felicitó a la familia por sus esfuerzos.

Se realizó un ritual a partir de las fotografías de Héctor que cada uno de los asistentes deseaba compartir con el grupo, el cual consistió en que platicaran y compartieran sus recuerdos acerca de la foto elegida y lo que representaba para cada quien. Se complementó el ritual al establecer la idea de que todos esos recuerdos alegres no se van, no se pierden, y que en esencia, es lo que Héctor les dejó.

Tareas: Centrarse en la reestructuración cognitiva de Héctor. También se sugirió el trabajo emocional de sacar el miedo y dolor con actividades de rutina y rituales.

En la octava sesión se trabajó con Gloria, Sofía y familia extensa. Se veían mejor, argumentaron que la organización en actividades y apoyo a los niños los ha sacado adelante, ya que están más ocupados, se ampliaron sus cambios y se recordó que mantuvieran la esencia de Héctor viva en casa y no problematizar los síntomas de los niños si están afligidos o son conflictivos.

Se hicieron preguntas de escala, tomando como referencia el 10 como la más alta nota de bienestar. Todos mejoraron su puntuación, de 6 al llegar a terapia, a la fecha. Gloria señaló que 8 y se dio control a sus cambios, dijo que el apoyo familiar, la rutina y pensar que tiene que sacar adelante a su familia y a ella, le ayudan. Se dio control a los cambios de cada uno de los miembros. Por su parte, Arturo dice que ha empezado a expresar sus emociones y sentimientos con su novia y que eso le ha ayudado a sentirse menos tenso y a una mejor convivencia. Eso se amplió como una conducta favorable para todos. En esta sesión, la señora Lucero, hermana de Héctor, se mostró más afligida que los demás miembros de la familia, entonces Gloria, que se sentía mejor en esta ocasión, empezó a calmarla y le dijo que le ofrecía su apoyo para que se pudiera desahogar y empezara a manejar sus emociones. Este evento específico se tomó como cierre y reflexión, se amplió que la viuda daba apoyo y compartía la forma en cómo le había hecho para ir superándolo, y que así, los que ya se sintieran un poco mejor se acercaran a los que todavía no se sientan bien, y les comenten su experiencia, aunque se dejó claro que cada uno tiene su proceso de duelo y es diferente en cada persona.

A la novena sesión asistieron Gloria, Sofía y Alejandro.

Gloria refirió una mejoría en su estado de ánimo, señaló que estaba un poco mejor, se amplió su cambio y se dio control a sus excepciones diciendo que eso lo había logrado ella, se evaluó en escala, y respondió que se sentía en 8 ó 7, porque a veces bajaba su estado de ánimo. Se normalizó esta situación diciendo que se presentan estados de ánimo intermitentes. Se ampliaron los cambios preguntándole cuáles habían sido las 6 ó 7 cosas que había hecho para que se sintiera así, también se le indicó que platicara a los demás sobre sus logros. Posteriormente se le cuestionó si había alguien que no se hubiera dado cuenta de sus cambios; respondió que su hija, entonces se le preguntó ¿Cómo podría enterase?, comentó que le faltaba platicar más con su hija, y que esperaba que a su tiempo lo comprendiera. Para cerrar la sesión se resaltó que cada uno tiene su propio proceso de duelo, el cual puede tener distintos ritmos y etapas, y se les dio un mensaje: "Entre más se trabaje el dolor, se conoce uno más como persona y se superan los problemas; si se evita, uno se habitúa a sufrir y no se llega a nada". Se citó sólo a Gloria, Sofía y a los niños en una semana para el cierre del proceso terapéutico.

En la décima sesión, el objetivo fue cerrar la terapia por avances de la familia, y afianzar recursos para la superación del duelo.

Se inició evidenciando que la familia nuclear se veía bien, se ampliaron cambios y se recordó que su proceso era distinto al de la familia de origen de Héctor, que seguramente irían superándolo a su propio ritmo cada familia y cada persona.

Ahora ellas, Gloria y Sofía, junto con los niños formaban una familia, y señalaron que se les había ayudado mucho. Se dio el siguiente mensaje a Nayeli: "no debes de preocuparte porque llore tu mamá o se sienta triste, ya que nunca se va a separar de ti". A Gloria se le dijo que tiene derecho a expresarse como mujer y decidir después", y para finalizar: "Tú, Nayeli, cuando seas más grande entenderás a tu madre".

Posteriormente, se invitó a los niños a escuchar el cuento "Mi abuelo Miguel", el cual relata la historia de un niño a quien le pasó algo similar a ellos, esto como un ritual de despedida, para reflexionar acerca de lo amargo de la muerte y para darle entrada a lo nuevo de la vida y conservar en ella la esencia de su padre. Este cuento es un ritual que apoya el proceso de despedida al padre y al mismo tiempo, la cercanía con él, pues queda su esencia, protección y amor.

Cuento para trabajar el duelo con los niños
Mi abuelo Miguel[8]

Omar es un niño simpático y muy inquieto, a quien le gusta estar con sus amiguitos en el parque, porque juegan todos juntos a la pelota y también, a veces, a las escondidillas. Omar es un niño fuerte y cariñoso que tiene un hermoso pelo lacio y castaño.

---

[8] Cuento escrito por Verónica Arredondo Leal específicamente para trabajar con esta familia.

Omar todas las tardes visita a su abuelo en su taller, porque a Don Miguel le gusta crear figuras con cristal, a veces hace frágiles bailarinas, patitos o cualquier cosa que se le ocurra.

A nuestro amigo le encanta mirar a su abuelo darle forma a ese material transparente y misterioso, porque es suave cuando lo trabaja su abuelo, para después llegar a representar, en una figura sólida, las ideas que su abuelo desea plasmar en cristal.

Una tarde, Omar encontró cerrada la puerta del taller, y corrió a preguntarle a su madre dónde estaba su abuelito. Entonces su mamá le dijo que su abuelo estaba muy enfermo y que tal vez por algún tiempo no iría a trabajar al taller. Esto preocupó a Omar, porque en realidad su abuelo era su mejor amigo, siempre le contaba todo lo que le pasaba en la escuela y podían pasar las tardes muy divertidos tratando de ganarse, uno al otro, en el juego de las adivinanzas.

Desafortunadamente, un tiempo después, Omar tuvo que enfrentar el hecho de que su abuelito ya no estaría más con ellos. Su mamá le dijo que ahora estaba en otro lugar, desde donde él seguramente seguiría acompañándolos y cuidándolos, porque el amor –le dijo– cuando es tan grande como el del abuelo por nosotros, no tiene obstáculos de ningún tipo para lograr llegar a las personas queridas.

Nuestro amiguito se puso muy, muy triste con la noticia de la muerte de su abuelo, y lo expresó muchas veces llorando, y también, estando un poco de mal humor. Lo extrañaba muchísimo, y sobre todo, quería volver a verlo y abrazarlo.

Una tarde, Omar quiso volver a visitar el taller de su abuelo, donde tantas veces lo había visto darle formas maravillosas al cristal. Ya estando ahí, se puso a mirar todos los objetos que usaba su abuelo, los tocó suavemente, y de pronto… encontró un pedazo de cristal en bruto, sin trabajar, pero que inexplicablemente brillaba de una manera intensísima, así que lo tomó entre sus manos y mágicamente, ese pedazo de material en bruto, tomó la forma de un corazón, un increíble corazón transparente y sólido como el amor que su abuelo siempre le demostró. Omar estaba muy emocionado y sintió ganas de presionar ese corazón contra el suyo, y al hacerlo, fue sintiendo lentamente una sensación de calidez, de confianza, se sintió protegido y profundamente amado por su abuelito Miguel. Supo en ese momento, con certeza, que su abuelo siempre estaría acompañándolo, en los momentos más felices de su vida, como cuando saliera de la primaria, fuera de vacaciones al mar, o en un futuro muy lejano, cuando tuviera un hijo...ahí estaría él para hacerle sentir su presencia y su amor. Lo mismo en los inevitables momentos tristes de la vida, el cariño de su abuelo lo consolaría y le daría ánimos para superarlos, y finalmente, también estaría ahí la imagen y la voz de un hombre bueno, honesto y trabajador que le serviría a Omar de guía en su camino por la vida. Omar dejó de presionar el corazón de cristal contra su pecho y volvió a mirarlo, y se dio cuenta de que éste brillaba cada vez más y más, y entonces algo muy dentro de él le dijo que aunque siempre extrañaría a su abuelo, a partir de ese día, podría recurrir cuando quisiera a esa cálida sensación de tenerlo cerca y de sentir su profundo amor, su apoyo y protección, con sólo presionar suavemente ese hermoso corazón de cristal contra su pecho, donde Omar guardaba a su vez, un orgulloso corazón pleno de ternura y amor para su abuelito Miguel."

Una vez terminado el cuento se les preguntó a los niños:

¿Cómo se sintieron?, ¿Qué piensan del recurso que tenía Omar para sentirse cerca de su abuelo?, ¿Qué otros recursos podría usar Omar para sentirse cada vez mejor? y se les motivó a que expresaran sus emociones, sentimientos y pensamientos en general.

El terapeuta les dijo al final: "Como yo sé que el niño del cuento tenía un corazón de cristal para acordarse de su abuelo y sentirlo cerca, yo quiero darles algo a ustedes para que recuerden que su papá los quiere mucho, los cuida y está cerca de ustedes", y les entregó una cajita de madera grabada con el nombre de cada niño, con un corazón de cristal dentro, y se les indicó que cada vez que extrañaran mucho a su papá y le quisieran decir algo, tomaran su corazón de cristal y lo acercaran a su propio corazón, "lo cual los hará sentirse cerca de su padre, porque está cargado con la energía del amor" les dijo el terapeuta.

"El amor es muy poderoso y nunca acaba, ni cuando se muere alguien o se va" fue el mensaje, es muy importante que se acuerden de esto, les recalcó. Los niños inmediatamente se acercaron el cristal a su propio corazón y se mostraron muy confortados.

Se dio un mensaje de cierre a toda la familia, en el cual se especificó que todos tienen derecho a expresar sus sentimientos y sus necesidades, y se debe respetar eso entre ellos, y que cada quien podría hacer actividades solos o con la familia, y que todo iría contribuyendo para que fueran superando su proceso de duelo.

Seguimiento: A los seis meses se tuvo una charla con Gloria para dar seguimiento a los cambios efectuados en esta familia y su mantenimiento. Se le preguntó cómo estaban todos y señaló que estaban mejor, los niños estaban bien y el efecto del ritual del cuento y los corazones había funcionado, pues lo empleaban con frecuencia, siendo Alejandro el que más recurría a realizarlo. La niña había encontrado seguridad en la convivencia familiar, el recuerdo positivo de su padre y la esencia que había dejado en ella. La señora Sofía realizaba sus actividades personales y de apoyo a Gloria con normalidad y se identificaron como una familia con fortalezas.

CONCLUSIONES

El uso de rituales en la terapia familiar es muy efectivo, ya que proporcionan a la familia un contexto para expresar sus sentimientos más profundos, generando la aparición de conductas que favorecen el crecimiento emocional, espiritual y mental de los miembros. Como se vio en este caso, en los rituales se presentó una afluencia de aquellas conductas de reconocimiento, valoración y entrega, que fomentaron las estrategias para afrontar el duelo, como son: la normalización de creencias, la unión familiar, el recuerdo, la asimilación individual y la despedida, con ello se logró dejar atrás las cogniciones limitantes y se dio el reconocimiento de emociones para esclarecer la diferenciación del proceso a seguir en cada uno de ellos, lo que permitió una readaptación al sistema.

La importancia de trabajar con terapias breves en casos de duelo, es que se centra el trabajo en la pérdida, reconociendo la importancia del duelo como un proceso gradual, permitiendo que las personas decidan cuánta realidad pueden aceptar en cada momento. Las técnicas de intervención que se emplearon provenían de la narrativa, donde se creaba un pasado y un nuevo presente para ofrecer una perspectiva inédita de la experiencia actual; también se utilizaron técnicas de la Terapia breve centrada en soluciones, por lo que se enfatizaron los recursos individuales y de la familia para hacer frente al duelo; los rituales para romper el círculo vicioso en las normas, e impedir la auto perpetuación del duelo; y el lenguaje hipnótico, con el cual se guiaba a los miembros hacia nuevas experiencias funcionales. Todo ello contribuyó para generar cambios en los miembros acerca de la forma de afrontar la pérdida, donde la unión familiar, la comunicación, la canalización adecuada de emociones y la libre expresión de los sentimientos fueron fundamentales.

Por último, se argumenta que el final de un duelo se consigue cuando el sistema incorpora a su realidad que la persona fallecida forma parte de la identidad de cada miembro, y ésta facilita la homeostasis del sistema. El propósito del terapeuta es lograr que la incorporación se lleve a cabo sólo en aquellos aspectos positivos, los que aportan felicidad, recursos, maduración y valores. Es útil señalar que existen otras causas por las cuales las personas superan un duelo, como lo señala la hábil terapeuta estratégica Cloe Madanes: *"Funciona... pero quizás por otros motivos de los que creemos que funciona"*. Sin embargo, hay que tomar sólo aquellos parámetros que podamos manejar, ya que si no se esclarecen los cambios en conductas, existe el riesgo de perderse en áreas no tangibles o ambiguas que podrían complicar el proceso.

Referencias Bibliográficas

❖ BOWEN, M. Family reactions to Death. En P. Guerin (de.), Family Therapy. Theory and Practice, Gardner Press, Lakeworth, Florida. 1976

❖ BOWLBY, J. *La pérdida afectiva. Paidós, Barcelona, 1993.*

❖ DEL PINO MONTECINOS, J.I.; PÉREZ, J.; ORTEGA BEVIA, F. *Resolución de duelos complicados desde una óptica sistémica.* 10 párrafos, en red, disponible en:www.dipalicante.es/hipokrates/ hipokrates_I/pdf/ESP/434e.pdf

❖ KÜBLER-ROSS, E. *Sobre la Muerte y los Moribundos.Grijalbo, Barcelona, 1989.*

❖ PEREIRA, R. T. "Hacia un Modelo Familiar del Duelo", Mosaico, Monográfico de Duelo, Segundo Cuatrimestre. Julio 2002.

❖ ROBERTS, J. "Encuadre: Definición y tipología de los rituales" en *Rituales Terapéuticos y Ritos en la Familia*, Barcelona, Gedisa. 1991

Capítulo 2

ANTÍDOTO CONTRA MONSTRUOS

El uso de historias en el trabajo terapéutico con niños.[9]

Ricardo Rivas B., Susana González M., Verónica Arredondo L.

RESUMEN

El uso de historias en la terapia con niños es trascendental, ya que les proporcionan un contexto de significado para trabajar un problema específico; donde la fantasía, magia y rituales, conforman un poderoso medio para encontrar soluciones. El trabajo con el siguiente caso, ejemplifica lo anterior, donde se atendió a una niña de 10 años por un problema de conductas obsesivas relacionadas a lavarse las manos continuamente; se sentía gorda y no comía, lo que deterioraba su salud física y emocional. La combinación del trabajo individual y con su familia, fueron los mecanismos para ayudarla a superar dicha condición.

Terapia Narrativa

El concepto de narrativa aplicado a la psicoterapia se ha difundido rápidamente en los últimos años, gracias principalmente a autores como Michael White y David Epston. El "paradigma narrativo" que estos autores proponen se apoya en las ideas de Foucault (1966), sobre las relaciones

---

[9] Artículo publicado en la Revista electrónica de Psicología Iztacala. Vol. 9 No. 3. Universidad Nacional Autónoma de México. FES Iztacala. Dic. 2006.

entre el relato y el poder, y en las de Derridà (1987) a propósito de los mecanismos de deconstrucción, y constituye un importante desarrollo de la corriente socio-constructivista.

Se trata de una teoría imaginativa, optimista y con énfasis en lo cognitivo, donde la deconstrucción de las prácticas del poder y de las del saber de los expertos, se realizarían mediante la diferenciación de constructos "problemas" como ajenos al sujeto, sustituyéndolos por otros constructos "inocuos". (Linares, 1996).

Siguiendo a Maturana podemos señalar que existen cuatro operaciones en este proceso de construcción de la realidad: distinción, descripción, explicación y narración.

> ➢ La distinción es el acto de señalar cualquier objeto como distinto de un fondo, para lo cual empleamos, consciente o inconscientemente, un criterio de selección.

> ➢ La descripción que se hace de las partes del problema es siempre posterior al acto de demarcación o distinción. Primero se distingue y luego se describe.

> ➢ La explicación reformula o recrea las observaciones de un fenómeno, en concordancia con conceptos y esquemas aceptables para el sujeto.

> ➢ La narrativa es la manera en que el sujeto, sobre la base de los puntos anteriores, cuenta la realidad.

Las técnicas narrativas serían aquellas intervenciones terapéuticas que, de una forma estructurada, cuentan historias o proponen elementos adecuados para la construcción de nuevas narraciones. Son intervenciones básicamente cognitivas, aunque por su complejidad, también alcanzan los espacios emocional y pragmático. (Linares, 1996).

El uso de historias, cuentos o narraciones en terapia familiar tiene gran tradición; se puede uno remontar a las imaginativas intervenciones de Milton Erickson, por ejemplo. (Rosen, 1982).

Un recurso muy sencillo es contar a la familia historias "inspiradas en la vida real", es decir, cosas similares ocurridas en otros casos con problemáticas parecidas a las de ellos, o soluciones que otras familias han creado para ciertas circunstancias y que han dado, o no, resultado, etc.

La técnica de "narración de cuentos" cumple una doble función, tanto si el cuento es narrado entre todos los miembros de la familia, como si es el terapeuta quien lo cuenta a la familia. En el primer caso, su función será más diagnóstica que terapéutica, y en el segundo caso, a la inversa.

Caso clínico

Enseguida analizaremos el empleo de un cuento terapéutico, creado ex profeso para su utilización en el caso de la Familia Pérez, la cual acudió a terapia debido a su preocupación por la conducta de Mónica, una niña de 10 años, que se comportaba, según su madre y su abuela, de manera "anormal".

La familia está integrada por 5 personas: el padre, de nombre Antonio, de 37 años, labora como encargado de un negocio de partes electrónicas; la madre tiene 31 años y se llama Rocío, es secretaria ejecutiva bilingüe; Mónica, una niña de 10 años que estudia 3° de primaria; el hijo menor, Raúl de 5 años, quien cursa el primer grado de preescolar; y la abuela materna de los niños, Elena de 61 años, recién jubilada quien convive cercanamente con todos los miembros de la familia. (Todos los nombres y edades se han modificado por cuestiones de confidencialidad.)

La familia fue canalizada por la psicóloga de la Clínica de Medicina Familiar ISSSTE Tlalnepantla, al servicio de Terapia Familiar Sistémica que se ofrece como parte de la formación de alumnos del Diplomado de Psicoterapias Sistémicas y Familias, perteneciente a la FES Iztacala / UNAM. El diagnóstico con que llega esta familia al servicio de terapia familiar es el de anorexia y un trastorno de personalidad en Mónica.

Se estableció con la familia un contrato terapéutico por 10 sesiones y se explicó el encuadre del trabajo terapéutico desde la perspectiva sistémica, (grabación de las sesiones para su posterior análisis; presencia de un equipo de supervisión que interviene, sugiere o plantea mensajes durante las sesiones; sesiones espaciadas entre 2 ó 3 semanas; solicitud de tareas a realizar en el contexto familiar; etc.)

Primera Sesión.

La madre comenta que desde hace un año, Mónica exagera en los cuidados de la limpieza personal y que rechaza comer alimentos sin antes lavarlos 4 ó 5 veces y desinfectarlos, lo cual ha hecho que su alimentación sea muy restringida y no muy nutritiva, generando una disminución en su peso, siendo en ese momento ya preocupante; Mónica evita comer azúcar y otros alimentos para no engordar y "reventar"; tiende a mirarse constantemente el vientre para corroborar que no ha subido de peso, y a comentar un gran miedo a ser obesa, ya que podría morir por eso. También informan que la niña se preocupa demasiado por las bacterias y los gérmenes que existen en el aire y en las cosas, lo que provoca que evite tocar a las personas o a los objetos, y en tal caso, después siente la necesidad de lavarse varias veces las manos, llegando inclusive a lastimarse la piel por esa práctica.

La madre y la abuela se muestran muy preocupadas por la conducta de la niña y comentan que ya han hecho de todo y que nada parece dar resultado, lo que está ocasionando algunas consecuencias tanto físicas como escolares en Mónica. La niña también comenta su preocupación por lo que le sucede, ya que no puede jugar como antes con su hermano ni con sus compañeras de escuela, por este temor a "contaminarse con gérmenes y bacterias" y entonces enfermarse y morir.

El objetivo terapéutico que se planteó fue doble: por un lado, reestructurar la visión que la familia tenía acerca del problema; y por otro, proporcionar a la madre, a la abuela y a Mónica, diversas estrategias para afrontar la situación y para aprender a manejar la conducta exhibida por la niña.

Para el primer objetivo planteado, se realizaron diferentes redefiniciones sobre la conducta de la niña; por ejemplo, se pasó de la idea de una niña *"anormal y loca"*, con graves problemas de *"anorexia y trastornos obsesivo – compulsivos"*, a hablar de Mónica como una niña algo celosa de la atención que se le brinda al hermano menor; alguien que posee un carácter fuerte, decidido y se muestra algo "terca" o renuente a oír cosas que no desea hacer (como lo que le pueden pedir su madre o su abuela); inteligente y preocupada por su salud, pero "chocosa y melindrosa" en lo que se refiere a su alimentación (su madre también había sido así a su edad, según lo recordaba la abuela), lo cual podría tomarse como una característica propia de los preadolescentes como Mónica, que también tienden a ser "algo vanidosos y presuntuosos; rebeldes con las figuras de autoridad, y necesitados de la aceptación constante de sus pares".

Todas estas redefiniciones permitieron a la familia visualizar la conducta de Mónica de una manera más sana, como algo que puede ser normal en algunos preadolescentes, lo que generó un cambio en la percepción de los adultos que rodean a la niña y en sus habilidades para el manejo de la situación.

Por otra parte, al preguntarle a la niña si existía algo que le preocupara y deseara manejar en terapia, Mónica comentó que quería que se desapareciera su *"miedo a contaminarse con bacterias y gérmenes, para no tener que lavarse tanto las manos y poder hacer muchas cosas que ahora ya no podía por este temor, como jugar más con Raúl, su hermanito"*. Se decidió trabajar usando la externalizacion del problema. Esta técnica narrativa permite a las personas separarse de los relatos dominantes que han estado dando forma a sus vidas y sus relaciones. Al hacerlo recuperan la capacidad de identificar aspectos previamente ignorados, pero cruciales: "acontecimientos extraordinarios". Cuando se identifican acontecimientos extraordinarios, puede estimularse a las personas para que desarrollen nuevos significados en relación con ellos. Esto requiere que los acontecimientos extraordinarios pasen a formar parte de una historia alternativa de la vida de la persona. Se ha denominado "relato extraordinario" a esta historia alternativa.

En el trabajo terapéutico con niños, el uso de dibujos e historias son un excelente medio para ayudarlos a externalizar lo que consideran sus problemas. Se le pidió a Mónica que dibujara cómo se imaginaba a esos seres invisibles que no la dejaban vivir en paz, y ella dibujó dos monstruos y los señaló como las bacterias que la molestaban. Como tarea para la siguiente sesión, se le pidió que pensara cómo podía vencer a esos monstruos utilizando la gran inteligencia y valor que posee, y de qué forma el terapeuta podía ayudarle a derrotarlos.

Segunda sesión

Al inicio, tanto la abuela como la madre comentaron que habían observado cosas diferentes en la manera de actuar de la niña. Ya no parecía tan enojada como antes, comía un poco más y se acercó más a jugar con su hermano. También expresaron que Mónica sintió que se interesaron más en ella y que le prestaron más atención a las conductas que les gustan de la niña y no a las conductas que no les agradan de ella. Se mostraron complacidas con los cambios detectados y se comprometieron a seguir realizando lo que les está dando resultado.

En la segunda parte de la sesión se trabajó con Mónica, contándole una historia elaborada específicamente para este caso, la cual resalta la necesidad de luchar contra los monstruos que nos hacen realizar cosas que no nos gustan. El terapeuta responsable le dijo: "Te voy a contar la historia de una niña a la que le pasó algo parecido a lo que te pasa a ti, y que venció a sus propios monstruos ", y procedió a contarle el cuento *"Un antídoto contra monstruos"*, el cual tiene como objetivo general la normalización de la experiencia de tener miedo en los niños, y el uso de las propias habilidades y recursos para dominarlos.

Un antídoto contra monstruos[10]

"Este cuento es sobre una niña muy alegre. A Gaby le gustaba tener amigos y jugar con sus mascotas. Tenía un perrito muy juguetón que se llamaba Astro, todos los días lo sacaba a pasear. También adoptó a Misha, una gatita, porque le gustaba oírla ronronear por las noches.

Pero un día, Gaby empezó a darse cuenta que "algo" desconocido hacía que ella ya no se sintiera feliz con sus mascotas o de jugar con sus compañeros del colegio....porque ese "algo" hacía que ella tuviera la necesidad de lavarse las manos una y otra vez, y también empezó a preocuparse mucho por la limpieza de los alimentos, y de esta manera, se sentía obligada a supervisar que todo fuera preparado de manera muy higiénica. Llegó al extremo de sentir que debía protegerse en una burbuja de plástico contra gérmenes y bacterias, de esta manera *casi* se sentía segura. Al principio era bastante divertido, porque dentro de la burbuja de plástico podía rodar, brincar y quedarse dormida plácidamente, pero en unos pocos días se dio cuenta de que estaba muy sola, no podía jugar con sus mascotas ni amigas del colegio, ni siquiera su mamá o su abuelita la podían tocar o besar, pero Gaby no salía de la burbuja porque seguía preocupada por ese "algo" que hacía que ella tuviera miedo a las bacterias y gérmenes. Un día se puso muy triste y se preguntó qué sería ese "algo" misterioso que tenía tanto poder sobre ella, y descubrió que pensaba en "eso" como si fueran monstruos pequeñísimos, con patitas y varios ojos, pero eran demasiado pequeños para poder luchar contra ellos.

Un buen día, Pedro, que era vecino de Gaby, fue a pedir la pelota que se había volado la barda entre las dos casas. Pasó al jardín y se sorprendió mucho de ver a Gaby encerrada en una burbuja de plástico.

---

[10] Cuento escrito por Verónica Arredondo Leal específicamente para trabajar con esta familia.

–Oye, le dijo, ¿qué haces ahí?

A lo que Gaby respondió –tengo miedo de que algunas bacterias me hagan daño.

Pedro se rió con gusto, sin entender mucho acerca de ese miedo. Entonces, le dijo a Gaby:

–¿Quieres que te cuente un secreto? Yo, hace tiempo, también tuve un miedo que me hacía hacer cosas que yo no quería, como por ejemplo, ir todas las noches a la cama de mis padres, porque le tenía miedo a la oscuridad. Pero un buen día me cansé de eso y decidí que tenía que buscar una solución.

De esta manera –siguió contándole –salí al bosque con la ilusión de encontrar ahí mismo la respuesta, y ¿adivina?...del hueco de un árbol salió un pequeño duendecillo, ya sabes... todo vestido de verde y con zapatos puntiagudos. Me dijo: ¿qué te trae por aquí, amigo? Y entonces yo le conté acerca de mi miedo a la oscuridad, y de lo que " eso" me hacía hacer sin querer.

¡Ah! –dijo el duende– yo te puedo ayudar; se quedó muy pensativo y de repente exclamó: A ver –le dijo a Pedro– ¿cuál crees tú que sea el antídoto contra la oscuridad?

Y Pedro, después de pensar un rato, le dijo: ¡pues la luz!

–Exacto –dijo el duende, pero como no podemos atrapar la luz en general, ¿qué se te ocurre que podría ser una fórmula mágica para luchar contra "eso"?

Entonces Pedro le dijo, con cierto temor de que su respuesta estuviera equivocada: –¿Podría atrapar unos rayos de sol?

Sí, pero ¿cómo? –le dijo el duende. Y entonces Pedro pensó que los rayos de sol se quedaban atrapados en las flores amarillas... ¡o en todo lo amarillo! –pensó finalmente–, así que la fórmula mágica para contrarrestar su miedo fue usar una cómoda pijama de ese color, y a partir de entonces, Pedro no volvió a tener miedo a la oscuridad.

Entonces, este amigo le dijo a Gaby –¿Cuál crees tú que sea el color que puede ser el antídoto para vencer a los monstruos que te hacen tenerles miedo a las bacterias?

Y Gaby pensó y pensó y por fin, exclamó:

–A mi me parece que el color rosa puede ser el antídoto, dijo entusiasmada, así que decidió salir de su burbuja de plástico y correr hacia un rosal cercano con enormes flores rosas, y al momento de tocar sus pétalos suaves, se le apareció una hadita diminuta, que le dijo:

–Supiste encontrar el valor en ti misma para buscar una manera de enfrentar a los monstruos. Te regalaré esta pulsera mágica que está hecha de ese valor y de pétalos rosas. Sólo debes ponerla en un vaso de agua y dejarla durante toda una noche a la luz de la luna, y con eso esta pulsera te protegerá y te sentirás capaz de luchar contra esos monstruos y de vencerlos.

Gaby se sintió muy sorprendida, rápidamente se puso la pulsera y entonces, se sintió muy contenta porque ya no tendría que obedecer a esos monstruos patones y feos que la hacían lavarse y lavarse las manos. Así que desde ese día dejó de preocuparse por las bacterias y los gérmenes y dejó en manos de su mamá y de su abuelita, la limpieza de los alimentos que preparaban, y empezó a comer con mucho gusto y a saborear todo lo que probaba. Incluso invitó un día a comer a Pedro a su casa y disfrutaron de unas ricas jícamas con chile y limón en el jardín."

Es importante resaltar que los personajes del cuento, aunque experimentan la emoción de miedo, también demuestran que es posible superarla. Por otro lado, el cuento ayuda a la externalización o cosificación del "miedo a las bacterias y gérmenes", identificándolo como "algo" desconocido, y se ofrece una forma de luchar contra "eso" mediante un ritual, que efectivamente debe realizar el o la niña en cuestión para sentirse protegida, como es el uso del color en una pulsera o cualquier otra cosa elegida.

Por último, se brinda una redefinición, ya que se connota como valiente a la niña del cuento, quien no sabía, al principio de la historia, luchar contra los monstruos que le hacían lavarse las manos repetidamente, connotando positivamente que ella misma encontrara la solución y el valor para enfrentarlos.

Un final feliz cierra el círculo y es una propuesta integral para ser tomada como una forma de vida más relajada y divertida.

Después de contarle el cuento a Mónica, se le hicieron preguntas tales como: ¿Qué fue lo que le ayudó a la niña del cuento?, ¿Tú qué harías diferente para salirte de la burbuja y luchar contra las monstruos?, ¿De lo que hizo la niña del cuento, qué te podría servir a ti en tu propia batalla?

Para finalizar con las preguntas, de manera sorpresiva, se regaló una pulsera de cuentas del color que Mónica había expresado que era su favorito en la sesión anterior. También se le dijo que esa pulsera debía ser "cargada de energía y fuerza positiva" (se le pidió que realizara, en su casa, el mismo ritual especificado en el cuento, con lo que la pulsera estaría "cargada" totalmente de ese poder) lo cual la apoyaría en su lucha contra los monstruos, ya que con sólo tocar su pulsera, ella tendría ese poder cada vez que las bacterias y gérmenes quisieran ganarle.

Tercera sesión

En la tercera sesión, tanto la madre como la abuela se mostraron muy impresionadas y sorprendidas de los cambios en la conducta de Mónica. La niña ya comía todo lo que se le ofrecía; disminuyó casi en su totalidad el lavado innecesario de las manos; estaba de mejor ánimo y convivía con la familia más cercanamente, jugaba y se peleaba con su hermano "*como cualquier niña normal*", reportaron. Incluso señalaron que el padre de Mónica la felicitó por todos sus cambios y esto fue muy gratificante para ella.

La madre comentó que era "un verdadero milagro" lo que sucedía con su hija, y que estaba muy complacida por tener de nuevo a la hija "normal y feliz" que siempre esperó tener.

Al hablar con Mónica sobre cómo iba su batalla, respondió que muy bien, que la pulsera había funcionado, y que se sentía con menos necesidad de lavarse las manos pues estaba protegida por el poder de la pulsera. A esto se le respondió que la pulsera era un medio para afrontar a los monstruos, pero que la seguridad, el valor y la inteligencia que se habían necesitado para enfrentar a los monstruos estaban dentro de ella.

Se le preguntó si todavía le daban miedo los monstruos, ella respondió que ya no, porque ya sabía cómo luchar contra ellos y ganarles. Entonces el terapeuta le preguntó si ahora podía decidir qué se tenía qué hacer con el dibujo de las bacterias y gérmenes realizado la primera sesión, y ella, muy segura, decidió romper y tirar el dibujo a la basura, pues había derrotado a los monstruos. Se le dijo finalmente que esos monstruos a veces quieren regresar, pero que sólo la molestarían si ella lo permitía volviendo a oírlos. También se remarcó que Mónica sabría cuándo sería el mejor momento para no necesitar más la pulsera.

Cuando se reintegró la familia a la sesión, se les preguntó si creían necesario venir a otra sesión de terapia, a lo que la madre contestó que no lo consideraba necesario ya que ahora si sabían cómo afrontar el problema de los hijos cuando crecen; la abuela estuvo de acuerdo, y Mónica comentó que ya era lo suficientemente fuerte para luchar y vencer a sus monstruos y que no la volverían a sorprender.

Se realizó una entrevista de seguimiento tres meses después de la última sesión para explorar si hubo recaídas, pero la madre reportó que Mónica ya no utilizaba la pulsera y que seguía comportándose adecuadamente, es decir, sin tener que lavarse las manos por temor a las bacterias y gérmenes.

CONCLUSIONES

Es importante señalar que la efectividad de las historias, anécdotas o metáforas en la terapia surge de los valores que tiene el empleo de estos recursos, valores que son señalados por el autor del libro ***Un Seminario Didáctico con Milton Erickson*** (Zeigh, 1990) y que se agregan a continuación:

➢ No implican una amenaza

➢ Captan el interés del oyente

➢ Fomentan la independencia del individuo, quien al tener que conferir sentido al mensaje, extrae sus propias conclusiones o emprende acciones por propia iniciativa

➢ Ofrecen un modelo de flexibilidad

➢ Pueden ser utilizados para eludir la natural resistencia al cambio

➢ Imprimen su "huella" en la memoria, haciendo que la idea expuesta sea más fácil de recordar.

Los valores anteriores posibilitan que los cuentos, metáforas o historias breves sean un complemento eficaz de la terapia breve para trabajar específicamente con niños, quienes ponen su imaginación al servicio de su propia forma para salir de la situación problemática. El significado de los cuentos se encuentra siempre oculto. Se trata de símbolos muy profundos adornados bajo una apariencia superficial y simple. Una metáfora o historia no se pueden explicar, puesto que al hacerlo pierden su valor simbólico y por ende, su eficacia como herramienta para tocar el inconsciente de los oyentes, es por eso que los niños las reciben de muy buen grado y cada uno de ellos recibe y toma lo que realmente necesita para su específica y personal forma de solucionar su problemática.

Referencias Bibliográficas

LINARES, J. L. (1990), *Identidad y Narrativa. La Terapia Familiar en la práctica Clínica*, Barcelona, Paidós.

ROSEN, S. (1982). *Mi Voz irá Contigo. Los Cuentos Didácticos de Milton H. Erickson*, Barcelona, Paidós.

WHITE, M. y EPSTON, D. (1990), *Medios narrativos con fines terapéuticos.* Barcelona, Paidós.

ZEIGH, J. (1990), *Un seminario didáctico con Milton Erickson*, Argentina, Amorrourtu.

Capítulo 3

MIRNA, LA GATITA SIN COLA

El síntoma que habla. Cambio del relato dominante de una familia con un miembro con capacidades diferentes.

Verónica Arredondo Leal y Susana González Montoya.

RESUMEN

Este caso relata la necesidad de un cambio de percepción familiar acerca del miembro con capacidades diferentes, para dejar de presionar al hijo elegido como "protector", quien expresa su angustia con inseguridad, aversión a insectos y temor en las relaciones con sus pares como síntomas. Se presenta el trabajo con distintas técnicas narrativas, la manera como se fueron utilizando a lo largo del proceso terapéutico y la forma de resolver el conflicto surgido por no poder reconocer y aceptar la situación generada por esta condición familiar (negación de la discapacidad) y la sobredemanda correspondiente ejercida en el segundo hijo. El cambio de percepción genera el cambio en el relato dominante de la familia.

Familias con un miembro con capacidades diferentes

Las alteraciones de la salud por enfermedad o por capacidades diferentes ya sea en el área motriz, cognitiva o afectiva, producen también cambios en las relaciones entre los miembros de las familias, que a su vez pueden tener repercusiones en su medio social y/o económico, sobre los individuos o sobre la función del conjunto de la familia; pero si el enfermo o con capacidades diferentes es un niño, la situación tendrá diversas características a las que hay que prestarles atención. Estas modificaciones variarán dependiendo de factores propios de la enfermedad, como la severidad del proceso, del grado y tipo de incapacidad, del pronóstico de vida, del curso de la enfermedad, y de los síntomas de impotencia e inhabilidad experimentados por la enfermedad (Rolland, 2000).

La presencia de un hijo con capacidades diferentes constituye un factor que puede determinar la conducta y reacciones del niño y de todos los demás miembros de la familia, con la posibilidad de llegar a perturbar el funcionamiento familiar ante la situación específica. Los padres responderán no sólo en función de la discapacidad o enfermedad, del tratamiento y de la forma como reaccione el niño, sino también según sus propios sentimientos, expectativas y problemas personales, lo que significa que, tanto las reacciones del niño enfermo o discapacitado como la de sus padres y hermanos, son interdependientes.

Si la familia se integra por varios hermanos, éstos también reaccionarán ante el desequilibrio de la familia. Los hermanos pueden experimentar sentimientos de culpa (por alegrarse de no ser ellos los enfermos y por tener sentimientos negativos hacia su hermano si los padres propician a éste más atención). Otras veces podrán sentirse desplazados si entienden las atenciones al niño enfermo como favoritismo, deseando también estar enfermos. Los padres, a su vez, pueden llegar a reducir la atención hacia los demás hijos, ignorando sus necesidades o esperando de ellos las expectativas que no podrá conseguir el niño enfermo o discapacitado.

La situación específica del hermano discapacitado o enfermo puede producirles un impacto tan fuerte que les lleve a desarrollar trastornos del comportamiento, fracaso escolar, temores, o incluso sufrir ellos mismos síntomas físicos: dolor de cabeza, de estómago o síntomas parecidos a los del hermano enfermo que, en ocasiones, requieran consulta médica. Los hermanos con capacidad de entender la enfermedad pueden preocuparse al ver en sus iguales la afección y se imaginan que ellos mismos pueden enfermar.

Si el tipo de enfermedad o discapacidad hace que el paciente pierda autonomía, esto podría ocasionar un cambio importante en la dinámica familiar, ya que muchas veces se asigna a algún otro miembro de la familia como el "encargado" de ayudar a la persona que tiene el problema. Esta función de "cuidador" recae frecuentemente en las figuras femeninas de la familia, independientemente de su edad, como madres, cónyuges, hijas o nueras, y quienes generalmente tienen que alterar sus actividades con base en las necesidades del niño enfermo, lo que puede generar tensiones adicionales a las provocadas por la enfermedad, tales como problemas laborales, de estrés, sobrecarga emocional, e incluso físicos. De igual manera, muchas veces se designa a uno de los hermanos como el "apoyo", haciendo recaer en esta persona la mayoría de la responsabilidad.

En todos los casos es conveniente que el niño enfermo o con capacidades diferentes aprenda, en la medida de lo posible, a manejar su situación y a ser lo más autónomo posible, de acuerdo a lo que el padecimiento le permita: que se responsabilice de sus medicamentos, que haga el esfuerzo por mantenerse activo e independiente, que continúe con sus estudios y tareas, etc., esto le permitirá sentirse más útil, lo cual hará que se sienta mejor.

Es importante señalar que la familia juega un papel central en el manejo de la enfermedad o discapacidad de un niño, ya que se convierte en la principal red de apoyo para el paciente, por lo que es necesario realizar intervenciones psicoterapéuticas orientadas a conseguir que las familias encuentren los recursos necesarios para enfrentar los retos que impone la situación específica, con la finalidad de facilitarles la adquisición de las habilidades necesarias y redes de apoyo para enfrentarlos y resolverlos.

Por un lado, quien padece la enfermedad debe aprender a enfrentarse a condiciones de frustración, ira, negación, depresión y demás y, por otro lado, la familia tiene que aprender a tomar decisiones muy importantes y difíciles, reorganizarse, replantear expectativas y adecuar sus metas y objetivos a la situación, ya que el manejo de un enfermo crónico-degenerativo o con capacidades diferentes no sólo involucra a éste, sino que también, de forma fundamental, a los demás integrantes de su familia (Reyes, 2007).

Como en cualquier otra intervención con familias con hijos pequeños, es imprescindible crear una buena relación terapéutica con el niño y favorecer un clima de confianza, en el cual el menor perciba las sesiones terapéuticas como un espacio acogedor. Es ahí donde la importancia y eficacia de las herramientas narrativas son muy útiles, por ejemplo, los dibujos e historias elaboradas por los niños, sin carácter diagnóstico, sólo con fines de expresión de sentimientos y emociones, y los cuentos elaborados por los terapeutas para cada caso familiar en particular.

A la mayoría de los niños y niñas les encanta escuchar historias, las cuales son una fuente de placer y de aprendizaje, con base en éstas, los escuchas se muestran motivados a expresarse, por compartir las emociones, sensaciones y pensamientos provocados por los cuentos. Es por ello que se considera que los relatos, las historias y los cuentos propician la reflexión, la interacción entre el niño o niños y el psicoterapeuta. Además, los cuentos promueven en los escuchas la adquisición de procedimientos adecuados para superar problemáticas existentes.

La creación de cuentos terapéuticos se centra en el uso de la metáfora, en la cual se utiliza el lenguaje indirecto en la presentación de la historia, el que tiene varios niveles de comunicación, uno el de la historia y la trama, otro el del significados implícitos, con el que se crean internamente símbolos, imágenes y sensaciones, desde los cuales se realiza una búsqueda de significados relevantes y se conectan aquellos aspectos que permiten generar ideas para cambiar o descubrir nuevas formas de ver, sentir o pensar el problema. (Rodríguez, 2004).

Esa característica del lenguaje metafórico, de ser una comunicación en varios niveles permite que el contenido implicado movilice a la persona, para que ella, de manera automática, al imaginar formas, sonidos, colores, imágenes, se contacte con lo relevante y se promueva la búsqueda de alternativas. Por lo tanto, el cuento terapéutico es una estrategia de intervención con muchas posibilidades de aplicación y con gran efectividad en la resolución de los problemas psicológicos infantiles. (Rodríguez, 2004).

Los cuentos terapéuticos tienen la intención de favorecer que los pequeños se impliquen y participen de forma activa, escuchando, preguntando, mostrando interés, anticipando situaciones y acciones, sugiriendo modos de actuar, en fin, realizando acciones que están contribuyendo a la evolución y desarrollo de todas sus capacidades y por lo tanto, favoreciendo y potenciando el interés por manejar su condición específica y lograr ser más felices.

Existen otras técnicas narrativas que son muy útiles en el trabajo terapéutico con niños como es el dibujo libre o con una temática particular y también, la elaboración de relatos surgidos de la propia invención del niño.

CASO CLINICO

Se expone el trabajo terapéutico realizado con la Familia Careaga Gómez conformada por 5 integrantes: Padre, de nombre Vicente, de 40 años, empleado; la madre, Emilia, de 45 años, ama de casa; el primer hijo, Ernesto, de 12 años, con discapacidad motriz en las extremidades inferiores; el segundo hijo, Carlos de 10 años, siendo éste el paciente identificado, y Mayra, de 8 años.

Los nombres de los miembros de la familia y sus edades se han modificado por cuestiones de confidencialidad.

Se estableció un contrato terapéutico por 8 sesiones con la familia y se explicó que el enfoque de trabajo sería desde la perspectiva sistémica, y que se les pediría en algunas ocasiones la realización de tareas en el contexto familiar.

Primera sesión (Sólo con los padres)

El motivo para la solicitud de atención expresado por los padres es que el segundo hijo, Carlos (10 años), no se sabe defender y permite malos tratos de sus compañeros de clase, ya que según detallan, no sabía defenderse. Debido a lo anterior, los padres consideraron adecuado inscribirlo en clases de Tae kwon Do, aunque, resaltaron los padres, al niño le gusta más la natación.

Por otra parte, refieren que es un niño muy imaginativo, listo y participativo, trabaja bien en la escuela y no tiene problemas de conducta; sin embargo, señalan los padres, es un niño "muy miedoso", no le gusta dormir solo y por eso, muchas veces se pasa a dormir con los hermanos durante la noche.

Los intentos de solución con apoyo terapéutico aplicados con anterioridad fueron tratar de cambiar la instrucción de NO pelear dada en casa, por otra que implicara aprender a defenderse, y que el padre fuera más estricto con Carlos para hacerlo "más fuerte", pero señalaron que eso no había funcionado porque el niño se resentía mucho cuando el padre lo presionaba exigiéndole que tuviera iniciativa y que "no se dejara". En este punto se realiza la redefinición de "ser fuerte", haciéndoles notar que Carlos es un niño con las suficientes habilidades para manejarse en la vida social y de estudiante y que el miedo no es automáticamente signo de debilidad, que en general todos tenemos "miedos" que vamos superando con el tiempo.

La tarea para esta familia en esta ocasión es hablar entre todos sobre las reglas en casa, especialmente acerca de dormir cada quien en su cama, y por otro lado, se sugiere que propicien más la comunicación familiar y tiempo de diversión y convivencia relajada, ya que los niños tienen muchas actividades extracurriculares (clases de pintura, artes plásticas, Kumón y Tae Kwon Do) y en general no tienen tiempo para conversar entre ellos, especialmente con el padre. Se les citó en una semana.

Al finalizar la primera sesión se establecieron tentativamente tres ejes de trabajo terapéutico: facilitar los medios y rutas para la expresión abierta y segura de los miedos de Carlos, propiciar la comunicación familiar y el establecimiento de reglas claras adecuadas a las edades de los miembros de la familia. Se eligieron los modelos de narrativa y terapia breve centrada en soluciones para el trabajo con esta familia.

Segunda sesión

Asiste a sesión Carlos únicamente y se le pregunta si él sabe por qué viene a consulta. El niño responde que "Para enfrentar mis miedos" y relata que tiene muchos a muchas cosas: a las abejas, arañas, serpientes y a los ovnis, "por eso tengo que irme a dormir con alguno de mis hermanos, porque si estoy solo en mi cama, siento que estoy solo en toda la casa". Se normaliza la situación de tener temor mencionando que a casi todas las personas nos dan miedo las arañas y los bichos: "A mí también me dan miedo las arañas y lo que yo hago es ir por un vasito y meterlas ahí, después sacarlas al jardín y liberarlas". Respecto a su miedo a las serpientes, se le pregunta si ha visto alguna y menciona que no, entonces se le dice jugando que "las únicas serpientes que yo he visto son las de serpientes y escaleras" y que si sabe jugar a eso. Se ríe y dice que sí, que lo ha jugado con sus hermanos. El juego de palabras y la risa ayudan mucho para distender el clima de tensión del primer encuentro con el niño,

Con el fin de trabajar paralelamente la expresión de las emociones del niño con recursos narrativos, se le pide que haga un dibujo de una familia. Carlos dibuja un avión y dibuja las caras de los miembros de la familia asomados por las ventanillas y en ningún caso les dibuja las pupilas.

Se le pide que platique algo sobre esa familia y menciona que viajan mucho, que son una familia feliz, que se llevan bien.

Con base en el dibujo se puede inferir que algo está sucediendo a nivel de no querer "ver" (sin pupilas) y el hecho de poner sólo las caras podría vincularse con una no aceptación a nivel familiar de la discapacidad motriz de Ernesto, quien está en silla de ruedas. También se puede inferir que el niño percibe que no hay mucha convivencia ni comunicación entre los miembros de la familia, ya que los muestra separados. Respecto a la estructura jerárquica de la familia, representa adecuadamente a papá y mamá como autoridades, y de mayor a menor el lugar de los hijos.

En la segunda parte de la sesión se le pregunta qué piensa del Tae Kwon Do, y menciona que también eso le da un poco de miedo, pero que ya en combate, si le están entrando muchos golpes, pues se enoja y saca fuerzas para ya no dejarse golpear. Se le hace notar que entonces él **sí** sabe defenderse y se le refuerza el concepto de que él puede manejar el miedo y actuar de manera adecuada en cada situación para defenderse (redefinición).

Se le deja la tarea de pensar en lo anterior y también de "disfrutar de tener una cama para él solito".

Tercera sesión.

En esta sesión se trabaja nuevamente con Carlos y se le invita a jugar a "Hacer cuentos". Se le proporciona una hoja blanca y se le pide que dibuje lo que quiera y escriba detrás de la hoja un cuento sobre lo que dibuje.

Carlos hace un dibujo de un niño y la historia es la siguiente:

> *"Una vez un señor que se llamaba Jesús quería tener un hijo, pero no quería que fuera de verdad, y entonces inventó un niño robot, pero no tenía todas las características de un niño de verdad, y entonces tuvo que conocer todo el cuerpo del ser humano y tuvo que inventar los riñones, los huesos, los pies, etc., y lo fue armando hasta que lo pudo crear un niño perfecto...!*

Se le dio retroalimentación positiva por su dibujo y su historia y se le preguntó acerca de por qué suponía que el Señor Jesús quería un niño perfecto, y respondió que *"ese niño no nació de la mamá, sino que lo inventaron"* y ya no quiso decir más.

Se consideró muy importante lo que Carlos estaba expresando a través de su dibujo y su historia, y con base en ello, se reajustaron las metas terapéuticas, para adicionar el objetivo de explorar si Carlos se sentía abrumado por una sobredemanda de los padres, (ser fuerte, saber defenderse y enfrentar a sus compañeros, hacer Tao Kwon Do, pintura, artes plásticas, Kumón, tener buenas calificaciones, ser obediente, educado y creativo, entre otras cosas) hasta el grado de considerarse como un robot, alguien que está siendo " creado" para satisfacer las demandas del padre y la madre, las cuales estaban dirigidas especialmente a hacer de él un individuo fuerte para que, llegado el momento, defendiera a sus hermanos y pudiera volverse responsable de ellos, como más tarde, en otra sesión, lo manifestaron sus padres. Se dio cita para la semana siguiente y se solicitó la asistencia de los padres únicamente.

Cuarta sesión.

El objetivo fue presentarles a los padres la información que estaba surgiendo en el trabajo terapéutico con Carlos y dar una retroalimentación acerca de cómo los veía el niño y cómo se siente personalmente con respecto a la familia.

También tuvo como objetivo el motivar a los padres a explorar cómo era su proceso de aceptación de tener un hijo con *capacidades diferentes*, se utilizó este término para hacer una redefinición específica que les permitiera percibir a Ernesto, el hijo con discapacidad motriz, como un niño muy hábil y capaz en diferentes áreas académicas y sociales, ya que cuenta con amigos y tiene un mundo interior muy rico también, pues disfruta de la música, de la lectura y es muy aplicado en su estudios.

Se les presentaron los dibujos y lo que había reportado Carlos, y se les pidió que reflexionaran acerca de si hay una sobredemanda de su parte, se les invitó a explorar la posibilidad de estar depositando, de manera inconsciente, las expectativas de logro de los dos hijos varones, en Carlos solamente.

La madre expresó, después de un rato de reflexión, que sí reconocía que tenían muy altas expectativas para Carlos y que sí lo presionaban para tomar la iniciativa, porque consideraban que era necesario hacer un muchacho fuerte, ya que les daría tranquilidad saber que aunque ellos faltaran, Ernesto y Mayra siempre contarían con la protección de Carlos, y que llegado el momento, defendiera a sus hermanos y pudiera volverse responsable de ellos.

Por su parte, el padre reconoce que sí le está imponiendo sus expectativas a Carlos y que a veces, sí le exige mucho y lo trata de manera menos amorosa que a los otros hijos, porque piensa que así se hará más "templado".

Se les explica que no es de esa forma en que van a contribuir para que Carlos sea seguro y tenga muchas herramientas para afrontar la vida, que al contrario, que muchas veces, con ese tipo de patrones de interacción familiar, lo que se produce es exactamente el resultado contrario, surgen los miedos y la inseguridad.

La tarea en esta sesión para los padres es dejar de presionar a Carlos, reconocer lo que sí hace y valorarlo. Ser más amorosos con él y propiciar una convivencia familiar más armoniosa y sólida. Se les pide nuevamente asistir a la siguiente sesión sólo a los padres.

Quinta sesión

En esta ocasión se buscó que los padres trabajaran y reflexionaran en el reconocimiento de sus sentimientos hacia Ernesto, qué esperan de él, cómo afrontan el hecho de tener un hijo con capacidades diferentes, y se explicita la redefinición de "capacidades diferentes" pidiéndoles que se den cuenta de que Ernesto no puede caminar, pero por otro lado tiene múltiples habilidades para lograr muchas metas y se les pide que mencionen las áreas donde consideran que es muy capaz su hijo Ernesto. Refieren que es "muy bueno" en matemáticas, que siempre saca 10 en la escuela y que en sus clases extracurriculares de Kumón siempre logra los mejores resultados. El padre menciona que también le gusta la música y que por eso le regalaron desde hace algún tiempo un equipo de sonido. También mencionan que le encanta leer, por lo que siempre maneja mucha información que los sorprende. Se les da una retroalimentación positiva al respecto, señalando que son muy buenos padres y amorosos, que se dan cuenta de los gustos y necesidades de sus hijos, y se les pide que sigan viendo a su hijo Ernesto como un ser que tiene muchas herramientas para ser autónomo y autosuficiente en la vida.

Por último, se les pide a los padres que, como tarea, dediquen tiempo en pareja para compartir las expectativas que tiene cada uno sobre sus hijos, y que de manera consciente, separen las expectativas que tienen de Carlos y de Ernesto, específicamente.

Se cita a toda la familia para la siguiente sesión.

Sexta sesión

Se prepara esta sesión con mucho detalle, se les recibe con galletas y agua de sabor para darles la bienvenida a los hermanos de Carlos a la terapia. Se les da la bienvenida y se les pregunta si desearían escuchar un cuento.

Y mientras se comparten las galletas y los dulces, se les leyó el cuento *Mirna, la gatita sin cola*, cuento elaborado especialmente para esta familia, mismo que busca que los escuchas reflexionen sobre las potencialidades de las personas con capacidades diferentes, y sobre la confianza que deben tener los padres y familia en general, de que ellos saldrán adelante con las habilidades y capacidades que sí poseen, lo cual paralelamente empodera al niño con capacidades diferentes. De esta manera se busca un cambio en la percepción de la familia que incida en el cambio de relato familiar dominante acerca de las responsabilidades, sentimientos, necesidades y potencialidades de todos los integrantes de la familia.

Mirna, la gatita sin cola[11]

"Entre la yerba de un hermoso bosque, una familia de conejos jugaba muy entretenida. Vivían en una acogedora madriguera que estaba muy cerca de una gran cascada, así los cuatro hermanitos y sus padres jugaban a correr y a mojarse en la orilla del lago. Vivían muy contentos en aquel lugar, sin embargo, los papás estaban un poco preocupados porque su hijo más pequeño, Toti, iniciaría el colegio al siguiente día. ¿Y eso qué? decían sus otros hijos, porque ninguno de ellos tomaba en cuenta que su hermanito tenía una pata delantera más chica, y eso hacía que al caminar se bamboleara un poco... y correr, ¡ni se diga!, lo hacía de una forma muy chistosa.

Para sus hermanitos, esa particularidad en su patita no representaba ninguna diferencia entre ellos, siempre jugaban juntos. Para Toti no era ningún problema y ni siquiera se había percatado de que eso podría ser importante. Era un conejito muy feliz. Le gustaba hacer trucos de magia y tenía todo su equipo en un maletín muy lindo, forrado de una tela verde brillante, y en medio de una de las tapas, tenía pegada una estrella plateada muy vistosa.

Muchas veces, cuando sus hermanitos se iban muy lejos a buscar yerba más fresca, él prefería quedarse a estudiar y a practicar sus trucos de magia, porque con eso de que tenía una patita más corta, tenía que practicar y practicar los trucos por horas.

---

[11] Cuento escrito por Verónica Arredondo Leal específicamente para el trabajo terapéutico con esta familia.

Su papá lo apoyaba mucho y le decía: "Todo se puede lograr con perseverancia, ya verás hijo…serás un gran mago", y esas palabras de su padre lo hacían sentir muy contento y orgulloso de sí mismo.

Pero ahora sus padres temían que en la escuela los otros conejitos se burlaran de él o lo molestaran…eso era lo que les preocupaba.

Al día siguiente, muy temprano, todos los conejitos se vistieron muy guapos para su primer día de escuela, y Toti especialmente, ya que estaba muy entusiasmado con la idea de conocer nuevos amigos.

Mamá coneja le dio muchos besos y recomendaciones…y ahí estaban a la entrada del salón. La maestra pidió a Toti que ocupara su lugar y él entró feliz, y al hacerlo, muchos de sus compañeros se sorprendieron de verlo caminar, y ni tardos ni perezosos y de una manera muy franca, le preguntaron por qué lo hacía de esa manera.

Mamá coneja se sintió paralizada y esperó angustiada la respuesta de su hijito.

—Miren, les dijo Toti muy seguro— los magos…los verdaderos magos, tenemos una patita más corta, porque eso ayuda a que podamos hacer ciertos trucos de magia muy difíciles. Ya les iré mostrando algunos, dijo muy serio.

Los conejitos quedaron muy impresionados con su respuesta y todos quisieron ser sus amigos, con tal de que algún día les mostrara sus actos de magia.

La mamá coneja y la maestra respiraron tranquilas, y muy contentas se despidieron, sabiendo que Toti tenía la seguridad y fortaleza para enfrentar cualquier cosa que se le presentara.

Pasaron varios días y Toti se encontraba muy feliz ya que era la sensación del grupo, él hacía algunos trucos sorprendentes y los demás compañeros estaban encantados, todos querían aprender de Toti, pero él siempre les decía que no podrían porque no tenían una patita más corta.

Un día llegó al salón de clases un conejo más grande llamado Traca, que había sido expulsado de su anterior escuela porque era peleonero y no sabía ser amable y amistoso. Lo primero que hizo fue burlarse de Toti, le dijo que todo lo que decía era mentira y que a ver si su magia le ayudaba cuando él quisiera golpearlo en la nariz. A todos amedrentaba Traca con sus palabras, y a veces, con sus empujones. Toti se sintió muy triste por esa situación, ya que muchos de sus compañeros dejaron de hablarle por miedo a Traca, y además, éste lo hostigaba diariamente y se burlaba de su forma de caminar. Toti dejó de tener los ojitos brillantes y alegres, y sus orejas, de tan lacias, le tapaban un poco la carita. Dejó de tener gusto por ir a la escuela y sus padres empezaron a preocuparse de nuevo, aunque ya no tanto como al principio, pues algo les decía que Toti contaba con la fortaleza interior y las habilidades para salir de este problema.

Un día llegó de visita la tía Emma, la cual era una coneja muy sabia, y sobre todo, muy amorosa, quería a todos sus sobrinos por igual y era muy cariñosa con ellos. También era muy observadora, entonces se dio cuenta de que Toti estaba triste y ella le preguntó qué le pasaba, y él, con unas lagrimitas resbalando por sus abultadas mejillas, le platicó que ya no tenía casi amigos, que le daba un poco de miedo Traca y que además, se había dado cuenta de que no era igual a todos los demás conejitos que él conocía.

Estaba tan triste que no creía que hubiera solución contra todo lo que Traca hacía, porque también se burlaba de Nina porque tenía que usar lentes, de Roxy porque todavía no aprendía a hablar del todo bien, y de aquellos que no respondían rápidamente los ejercicios en clase. Sin embargo, a él es a quien más molestaba por su forma de saltar y por eso estaba triste, se sentía vulnerable y también tenía miedo.

Emma lo escuchó con mucha atención y después de un rato le dijo: te voy a contar una historia que tal vez pueda servirte para enfrentar todo esto que estás sintiendo. ¿Quieres escucharla?

Sí –dijo Toti– aún muy apesadumbrado.

–Pues bien, dijo Emma, esta es la historia de Leonel el Gran Mago, un gatito muy elegante y bien parecido, astuto y travieso que tenía mucha fama por la excelencia que lograba en sus presentaciones de magia. Tenía largos bigotes y una mirada verde muy profunda.

Un día se le acercó una gatita muy hermosa, tan hermosa que Leonel quedó impresionado por su belleza; sin embargo, la gatita era tímida, temerosa e insegura debido a que no tenía cola, y ella se sentía muy mal por eso, se sentía diferente y eso no le gustaba. Le pidió que con su magia hiciera que su cola creciera. "Por favor, le pidió, esto es muy importante para mí".

Leonel sólo veía en esa gatita las cosas hermosas que sí tenía, las que no, como su cola, no eran de interés para él. Sin embargo, ya que era el Gran Mago, quiso complacerla y pensó en una magia que fuera muy eficaz y a la vez maravillosa, así que, mirándola fijamente le dijo: "Los ojos del corazón son los que mejor pueden ver nuestra alma, nuestros sentimientos y a veces también nuestros sueños. Lo más importante es lo que tenemos dentro de cada uno de nosotros" le dijo, y entonces, sacó del bolsillo de su saco una piedra roja como el fuego y se la mostró. "El color rojo de esta piedra simboliza el coraje que necesitamos para comprender que cada uno es especial de la manera que es, y no necesitamos ser iguales a los otros para ser felices. Recuerda que somos especiales siempre, lo importante y verdadero siempre está dentro de nosotros mismos. La respuesta está en nuestro corazón".

Mirna, la gatita, empezó a sentir un calorcito en su corazón que lo iluminaba, y entonces pudo sentir, más que sus dificultades, todas sus potencialidades, sus fortalezas, sus habilidades y ¿por qué no? su especial forma de ser valiente. Se sintió muy segura de ser una gatita que merece el respeto de todos, que merece ser tratada con dignidad, de forma igualitaria, con responsabilidades y derechos, y por supuesto, que también merece ser muy feliz.

–¿Verdad que ese fue un acto de magia muy poderoso? – le preguntó Emma a Toti, abrazándolo.

–Sí. Me gustaría ser un gran mago como Leonel –dijo Toti un poquito más animado.

Al otro día, camino a la escuela, Toti iba muy pensativo, cuando escuchó un sonido muy particular, un leve quejido. Nuestro amigo corrió, sí, corrió como él sabe hacerlo, hacia donde venía el sonido y descubrió a Traca doliéndose porque había caído en una trampa que ahora sujetaba muy fuertemente una de sus patitas traseras. Y aunque Traca intentó zafarse, no lo consiguió.

Déjame ver qué puedo hacer –le dijo Toti– tal vez voy a necesitar mi maletín de mago. Muy sereno, Toti abrió su maletín verde con una estrella plateada en una de las tapas, y sacó un pasador de pelo que había encontrado y en ese entonces pensó en guardarlo, por si alguna vez necesitaba abrir un cerrojo.

Y así fue, no sin antes dar unos pases mágicos para que la trampa cediera y Traca pudiera sacar su patita de ella.

Traca al verse libre al fin, le dio las gracias a Toti, y le dijo muy apenado, "discúlpame, ya no volveré a molestarte, eres un gran mago".

Pero Toti le respondió, recordando el cuento de la Tía Emma, "La verdadera magia es la que hacemos con el corazón, cuando nos sentimos arrepentidos por nuestro mal comportamiento, cuando nos disculpamos, cuando reconocemos en cada persona las fortalezas y habilidades que tiene y es apreciada por ello, cuando encontramos el coraje y la sabiduría para comprender que cada quien es especial de la forma en que es, que no necesitamos ser iguales a los otros para merecer respeto y ser felices".

Traca reconoció que se había comportado de forma grosera y descortés con todos los compañeros de clase, pero que en el fondo, lo que deseaba era ser tan popular y apreciado como Toti, pero no sabía cómo hacerlo. Ofrecería una disculpa a todos y a partir de ese día él cambiaría su comportamiento, quería ser uno de ellos. Traca finalmente comprendió que todos merecemos ser tratados con dignidad, respeto y solidaridad sin distinción alguna.

Vamos amigo –le dijo Toti– tal vez si te unes a nuestro grupo, juntos podamos aprender muchas cosas, como el aprecio a los demás por lo que son interiormente y así, poder generar el calor y riqueza de la magia esplendorosa del respeto y la amistad."

Una vez terminado el cuento se les preguntó a los niños si querían compartir algo sobre el mismo. Carlos dijo que quería ser mago como

Leonel y Toti; Ernesto mencionó que había algunos niños como Traca en la escuela, pero que él no les hacía caso y que le había gustado mucho el cuento. Mayra señaló que lo que más le gustó es cómo la gatita Mirna tenía su propia forma de ser valiente.

Se les motivó para que expresaran sus emociones, sentimientos y pensamientos en general: ¿Cómo se sintieron?, ¿Qué piensan de cómo resolvió Toti el problema? ¿Piensan que Toti es un conejito fuerte y valeroso? ¿Por qué? ¿Qué otros recursos podría usar la familia de Toti para apoyarlo?, entre otras.

En este punto, después de la lectura del cuento, las preguntas reflexivas son muy importantes para generar el cambio de percepción esperado. Se les preguntó acerca de si los padres de Toti debían protegerlo o no, y entonces mencionaron que Toti sabía hacer magia y que no necesitaba que lo defendieran, que él podía solo.

Para finalizar la sesión se les obsequió el cuento para que lo pudieran releer en su casa si así lo deseaban.

A los padres se les reitera, como tarea, la importancia de la convivencia familiar, la comunicación y la interacción padre e hijo más estrecha y amorosa con Carlos. Se les da nueva cita para dos semanas después.

Séptima sesión

Sesión con Carlos. Se le ve relajado. Refiere que fueron a visitar a su abuela materna que vive en una zona rural en Aguascalientes, y que el penúltimo día ya estaban preparándose para comer cuando "un enjambre se metió a la cocina, todos corrimos a encerrarnos en una recámara". Reflexionando señaló que "creo que sí pude manejar lo de las abejas, porque aunque sentí miedo, pude correr y no estaba tan asustado".

En algún momento señaló que todavía le daban miedo los "caras de niño" y se normalizó esa emoción diciéndole que los miedos se van dejando a veces uno por uno, pero que él ya había empezado a hacerlo, que no se preocupara.

También refirió diversos pensamientos positivos: "me va a ir bien en la escuela" y "me siento muy contento"

Señala Carlos que ya se acostumbró a dormir solo, porque ya se le olvidó lo de los "ovnis", y finalizó diciendo: "He descubierto que ya no tengo miedo"

Posteriormente se integró la madre de Carlos a la sesión y confirmó que Carlos ya se estaba durmiendo en su cama solo y que sus hermanos estaban muy contentos por eso. También refirió lo del suceso de las abejas y dijo que se había sentido muy sorprendida y también muy feliz, por lo cual el niño sonrió muy satisfecho y orgulloso.

Se connotó positivamente todos los cambios familiares y los de Carlos específicamente. Se le reconoció ampliamente y se le avisó que ya no sería necesario que él siguiera asistiendo a las sesiones. Se pidió que asistieran los padres a la sesión de cierre a la siguiente semana.

Octava sesión

Se hicieron preguntas acerca de los cambios percibidos en Carlos, el padre refirió que "se ve más sereno, con más confianza", y menciona que se está dando la oportunidad de platicar más con Carlos, para conocer algunos aspectos de su hijo que no había percibido; y también señaló que deseaba darle tiempo y atención por separado a cada uno de sus hijos.

La madre menciona que se da cuenta que Carlos se expresa más y se ve más feliz, concluye.

Por otra parte, los dos padres coinciden en que han cambiado su percepción respecto a Ernesto, y que ahora aprecian muchas capacidades diferentes con que cuenta su hijo. Mencionan que seguirán trabajando en una visión más positiva del futuro, que quieren sentir confianza y seguridad de que todo estará bien con Ernesto y sus otros dos hijos.

Se les connota positivamente por el hecho de ser unos padres comprometidos y amorosos y se amplían los cambios a toda la familia.

CONCLUSIONES

En el presente caso, el paciente identificado fue Carlos, quien estaba expresando miedos, conductas aversivas a insectos, e inseguridad en el trato con los pares.

Sin embargo, a través del trabajo con recursos narrativos, se pudo descubrir, con base en el enfoque sistémico, que una parte del sistema, el holón parental, estaba teniendo una percepción rígida de la situación de contar con un miembro con capacidades diferentes en la familia, al no aceptarlo completamente, así como falta de claridad acerca de las expectativas de todos los integrantes. En este caso eran los padres los que involuntariamente estaban propiciando algunos temores en Carlos, debido a que estaban exigiendo demasiado de él, al cual se le estaba presionando mucho para que fuera "fuerte" para defender a sus hermanos en un futuro.

La situación anterior es frecuente en familias con un miembro con capacidades diferentes, ya que los miedos de los padres por el futuro de ese hijo, los hace depositar todas las expectativas en otros miembros de la familia, confiriéndoles responsabilidades no adecuadas en ese momento, o en el futuro, como en este caso. Por ello, se tiene que explorar cómo la sintomatología presentada por el paciente identificado tiene relación con la dinámica familiar en general, y específicamente en familias con un miembro con capacidades diferentes o enfermedad crónica.

El uso de recursos narrativos en terapia familiar con niños es muy útil, porque haces uso de la riqueza natural de los niños, como su fantasía, imaginación, su gusto por las historias y dibujos, por el juego y además porque proporcionan un contexto para expresar libremente sus pensamientos y sentimientos, que tal vez de otra forma no se hubiera dado, ya que hay que recordar la condición de "lealtad familiar" que en los niños es sumamente importante.

Las historias contadas por los niños y sus dibujos nos permiten presentar a los padres la visión del niño, no la del terapeuta, por lo que los padres las aceptan bastante bien y tienden a reconocer las conductas que podrían empezar a cambiar de una manera suave y armónica con los miembros de la familia.

El cuento que se leyó en la sexta sesión tiene el objetivo de que, de manera indirecta, se trabaje con las ideas de los padres (relato dominante), y se permita un reconocimiento y valoración de las capacidades y habilidades de todos los miembros de la familia, posibilitando la modificación de la estructura familiar: para que se identifique el holón parental como el que tiene las responsabilidades y es la autoridad, y el holón fraterno, en el cual todos tienen las mismas responsabilidades y derechos como hijos, es decir, todos tiene la necesidad de protección, amor y confianza.

El cuento *Mirna, la gatita sin cola* posibilita la reflexión de muchas situaciones posibles en la vida real y presenta una visión positiva y confiada de la vida, así como situaciones de tensión y cómo elaborar estrategias para resolverlas, por esto es que se les dio una copia del cuento para que, si consideraban adecuado, siguieran explorando algunos aspectos que les fueran surgiendo a partir de su lectura y que se pudieran canalizar adecuadamente las emociones y los miedos, así como la libre expresión de los sentimientos.

Por último, podemos señalar que el uso de recursos narrativos facilita el que el sistema familiar incorpore a su realidad el hecho de ser una **"Familia diferente"** pero al mismo tiempo con fortalezas, una visión esperanzada de la vida y habilidades para enfrentar momentos adversos, como cualquier otra familia.

El juego, las historias, cuentos y el dibujo son los instrumentos principales de los terapeutas de niños. Los chicos no suelen contarnos su mundo interno solamente con palabras, como intentan hacer los adultos, lo hacen principalmente por medio de acciones, narraciones, juegos y dibujos. Los niños van elaborando y transformando experiencias y vivencias, tanto internas como de la realidad exterior. Por medio del uso de estas herramientas psicoterapéuticas, los chicos expresan sus conflictos, nos muestran las cosas que les angustian, van desplegando su mundo interno y esto les permite ir elaborando sus conflictos y realizar una mejor búsqueda de las soluciones adecuadas. Al modificarse la dinámica familiar y restablecerse la comunicación y relación amorosa del padre con Carlos, éste pudo superar sus temores, lo cual quedó evidenciado en la séptima sesión a través del propio relato del niño, mismo que posteriormente fue confirmado en la sesión final por los padres de Carlos.

Referencias Bibliográficas

➢ FREEMAN JENNIFER, EPSTON DAVID y LOBOVITS DEAN. *Terapia narrativa para niños.* (2001) Barcelona. Ed. Paidós

➢ NAVARRO GÓNGORA, JOSÉ. "Terapia familiar con enfermos físicos crónicos" en Navarro Góngora, José y Beyebach Mark. (compiladores) (1995) *Avances en terapia familiar sistémica.* Barcelona. Ed. Paidós. (Terapia familiar) pp.299-335

➢ REYES, A. GARRIDO A. TORRES L. y ORTEGA P. "Cambios en la cotidianidad familiar por enfermedades crónicas" en *Psicología y Salud,* Vol. 20, Núm. 1: 111-117, enero-junio de 2010

➢ RODRÍGUEZ, M. (2004), "El Cuento Terapéutico: El Método de la Magia", en *Revista SEFPSI*, Pág. 193-208, Vol. 7, Año 2004, No. 1-2

➢ ROLLAND, J. (2000). *Familias, Enfermedad y Discapacidad. Una propuesta desde la Terapia Sistémica*. Barcelona. Ed. Gedisa.

➢ VELASCO, M. L. y SINIBALDI, J. (2001). *Manejo del enfermo crónico y su familia (sistemas, historias y creencias)*. México: Manual Moderno.

Capítulo 4

UNA FAMILIA OVEJERA

Relato para trabajar la angustia por el divorcio o separación de los padres

Carmen Susana González Montoya y Verónica Arredondo Leal.

RESUMEN

La situación de ruptura familiar en nuestro país es una realidad cotidiana que afecta a un gran número de familias. Si el amor es una cosa compleja, las relaciones de pareja lo son mucho más, la sociedad está cambiando, separarse ya no es impensable, y desde hace algunos años se advierte un aumento paulatino de las separaciones, legales o no. Es así que en México, en estos últimos años, el número de divorcios se ha incrementado de manera importante, por lo que se considera necesaria la reflexión sobre el manejo del proceso para evitar, en la medida de lo posible, problemas colaterales en los hijos.

Impacto del divorcio o separación de los padres

El divorcio de los padres constituye una de las situaciones más estresantes que experimentan, cada vez más frecuentemente, niños de todas las edades. Puesto que el matrimonio es una institución cada vez menos permanente y más opcional en nuestra sociedad, los niños han de enfrentarse a una serie de desafíos estresantes y adaptativos asociados a las transiciones matrimoniales de sus padres.

Tomando como referencia los datos más recientes ofrecidos por el INEGI, en su reporte del 2012, "Indicadores sobre la situación conyugal de la población, matrimonios y divorcios ocurridos en México", se advierte un aumento paulatino de las separaciones y de las relaciones denominadas "en unión libre" ; ya que entre el 2000 y el 2009 el monto de matrimonios se redujo 21% y el de los divorcios aumentó 61 por ciento. Esta tendencia cada vez más creciente en México en el número de divorcios, muestra que de cada 100 matrimonios, 15 disuelven su vínculo legal. Estos datos nos señalan la necesidad de diseñar programas para apoyar a las familias a minimizar en lo posible el impacto de la separación y divorcio en los integrantes.

El divorcio o la separación de una pareja es un proceso muy complejo, que integra asuntos personales, de pareja, asuntos económicos y legales, relaciones de ambos con las familias de origen del cónyuge, y sobre todo, las nuevas condiciones si existen niños en común.

Suele ser una experiencia traumática y perdurable, de las más difíciles por las que puede pasar un ser humano, ya que tiene un gran potencial para afectar patrones de relación, lealtades, seguridad personal y del grupo. Produce una sensación de pérdida, sutil pero real.

¿Qué sienten los hijos cuando empiezan a darse cuenta de que los padres tienen problemas entre ellos?

La mayoría de los especialistas coinciden en que los hijos experimentan una sensación de descontrol, angustia, miedo, tristeza, aún de traición, especialmente si los padres están inmersos en sus propios problemas y tienen poco tiempo para percatarse de lo que les sucede a los hijos. A veces, incluso se utilizan los hijos como instrumentos de represalia, y en ese caso, es mayor el peligro de daño emocional. Aunque resulte evidente la disolución del matrimonio, el tener que vivir en un hogar monoparental y las posibles nuevas nupcias de sus padres, representan retos, riesgos y también nuevas experiencias y recursos, existe una cierta discrepancia sobre cómo estos factores afectan o fortalecen a los niños. (Cantón y Justicia, 2000). Aunado a esto, en estudios recientes se ha demostrado que aunque el divorcio puede tener un gran impacto en la vida de los niños, éstos se pueden ver mucho más afectados por la manera en que la familia se reestructura y la manera en que manejan los sentimientos después del divorcio, que por el divorcio en sí. Sin duda, la preocupación más generalizada de los profesionales que participamos en estas situaciones, se encuentra en tratar de favorecer la adaptación de los menores a la nueva situación y prevenir, en la medida de lo posible, la aparición de dificultades o trastornos psicopatológicos que interfieran en su desarrollo y evolución. Con esto en mente, hay que tener como prioridad ante un divorcio, el bienestar emocional de los hijos, pues aunque existen problemas inherentes al divorcio entre los cónyuges, la mayoría de estos pueden disminuir cuando el proceso de divorcio es manejado adecuadamente. (Rodríguez, 2003).

En un divorcio o separación se suscitan muchos cambios, tanto para los padres como para los hijos. Los niños, como sabemos, apoyan su seguridad y autoestima en la rutina diaria. Ellos necesitan estar seguros de qué ocurrirá mañana cuando se levanten, a quién verán, qué cosas están bien, etc. Como es natural, cuando los papás se divorcian esta rutina se rompe, pero dentro de lo posible, los papás han de procurar una nueva rutina accesible. Generalmente, los primeros 2 años después de un divorcio, el cambio se convierte en una forma de vida. Hombres, mujeres y niños cambian papeles, residencia, clase social, actividades, comportamiento personal y laboral. Sin embargo, el funcionamiento psicológico de la mayoría de los niños y de sus padres mejora con el paso del tiempo, conforme la familia se va adaptando al divorcio o separación.

¿Cómo decírselo a los hijos?

El momento más adecuado para informar sobre la separación es cuando se ha tomado una decisión definitiva y los cónyuges están seguros de ello, pero no se debe hacer en una fecha importante (cumpleaños, fiestas etc.), y aunque nunca es un buen momento, de preferencia podría ser planeada cuidadosamente una sesión familiar con todos los hijos para informárselos, y es conveniente estar preparados para afrontar las emociones que pudieran aflorar.

Es importante mantener una actitud empática con los hijos, pero ser muy claros respecto a lo que significa el divorcio. Se les puede informar que se hicieron todos los intentos que se pudieron para que el matrimonio funcionara, pero que ya es una decisión reflexionada y tomada, que los padres ya no pueden convivir de forma armoniosa y por lo tanto han decidido divorciarse y vivir en casas separadas. Es muy importante dejar en claro que el divorcio NO se produce por nada que los hijos hayan hecho; que ellos NO son responsables de la situación. Y que por eso mismo no pueden hacer nada sobre el divorcio, que éste es un asunto de los padres.

Esta reunión servirá más para esclarecer que para informar porque seguramente los hijos ya se han dado cuenta de todo. Debe mencionarse enfáticamente que tanto la madre como el padre, los seguirán queriendo, protegiendo y apoyando.

Los padres deben permitir a sus hijos expresar de forma libre y abierta su posible oposición al divorcio y sus sentimientos negativos al respecto; su tristeza y su dolor, su rabia, su inseguridad. Los padres deben ayudar a sus hijos a afrontar los meses turbulentos que siguen a la separación.

También es importante describirles algunos de los cambios que pueden esperar los hijos en su vida cotidiana (con quién vivirán, cuándo los visitará el otro padre, quién los llevara a la escuela, quién hará la comida, etc.)

Durante la reunión, se recomienda ser muy amorosos y respetuosos con la expresión de sentimientos de los hijos, y al final preguntarles si tienen dudas y asegurarles que siempre que deseen preguntar algo o comentar cómo se sienten, los padres estarán ahí para ellos cuando lo necesiten.

Ante las crisis matrimoniales o de pareja, los psicólogos y terapeutas familiares o de pareja pueden intervenir de diferentes formas y en momentos distintos. Podríamos decir que hay tres momentos claves: antes de una separación, durante el proceso de separación y tras la separación.

Antes de la separación: el papel del psicólogo puede ser el de terapeuta de pareja con el objetivo de buscar soluciones al conflicto existente. Esta suele ser la intervención más frecuente, aunque no es la única. Otra forma de intervención sería la actuación como mediador. La mediación familiar, con poca tradición en México, es un proceso negociador en el que se ayuda a tomar decisiones acerca de la separación. La mediación intenta minimizar el impacto que supone una separación matrimonial a la pareja y sobre todo, a los menores implicados.

Durante el proceso: Cuando el psicólogo interviene durante el proceso de separación también puede, desde un punto de vista clínico, prestar apoyo en el momento de la crisis, brindando desde una terapia individual a los miembros de la pareja, hasta a los hijos menores o adolescentes, según la necesidad.

Tras la separación: los psicólogos o terapeutas pueden nuevamente intervenir desde un punto de vista clínico, dando apoyo a algún miembro de la pareja y/o alguno de los menores para poder afrontar de una forma adecuada la reestructuración familiar y ayudar a los padres a asumirse como una pareja parental.

Construcción de una pareja parental

Los padres deben conseguir acuerdos en su divorcio que protejan los intereses de sus hijos. A veces es necesaria la participación de un mediador que ayude a descubrir los arreglos menos perjudiciales para los hijos, acuerdos que de esta forma no se verán influidos por las dificultades de los padres para colaborar debido a, posiblemente, su antagonismo exacerbado por los conflictos del divorcio.

Hay que recordar que: NO existe un divorcio total para las parejas con hijos, por lo que deberán trabajar en la creación de la pareja parental y en un vínculo armonioso.

El momento de la separación física es el momento más dramático de todo el proceso para los hijos porque es el momento en que enfrentan la realidad del divorcio.

En este punto pueden suscitarse varias reacciones por parte de los hijos dependiendo de la edad, el género, nivel de desarrollo, rol que ocupan en la familia, tensión que han experimentado, sistemas de apoyo familiar, etc.

McKay, Rogers, Blades y Goose (2000) señalan que los cambios más comunes en los niños al vivir el divorcio de sus padres son:

- Una sensación de pérdida y tristeza

- Ansiedad por temor al abandono

- Sentimientos de rechazo por alguno de los padres

- Soledad

- Rabia y enojo

- Lealtades conflictivas y divididas

De acuerdo a la edad de los niños los cambios pueden ser:

Preescolares:

❖ Temor a ser abandonados

❖ Pueden retornar a viejos hábitos (mojar la cama, chuparse el dedo, etc.)

❖ Pueden estar irritables y agresivos hacia los demás

❖ Pueden recurrir a la negación y a la fantasía

❖ Pueden culpase por la separación

Escolares (de 6 a 9 años) :

❖ Se muestran muy tristes

❖ Extrañan mucho al padre ausente

❖ Baja su rendimiento escolar

❖ Les preocupa quedarse sin familia o carecer de comida y juguetes

Escolares (de 9 a 12 años):

❖ Sienten mucho enojo

❖ Pueden ser afectados por el Síndrome de alienación parental en caso de ser triangulados por uno de los padres, generalmente con el que se quedan a vivir. Este síndrome es cada vez más frecuente y sucede *cuando los hijos son manipulados por el padre o madre con quien queda conviviendo, y éste obstruye o dificulta la relación con el progenitor no conviviente, sumergiendo a los niños muchas veces en el odio.*

Adolescentes (de 13 a 18 años):

❖ Molestia por las posibles nuevas relaciones de los padres

❖ Miedo a su propio fracaso en las relaciones de pareja

❖ Profunda sensación de pérdida de la familia de su infancia

Los padres deben tener la suficiente tranquilidad y temple para hablar con sus hijos, de manera amorosa y respetuosa, para responder a sus preguntas y ayudarles con sus miedos.

Los padres deben expresar abierta y claramente que su intención es continuar funcionando de forma estable como padre y madre para sus hijos por el resto de sus vidas. Incluso en el caso de que se volvieran a casar y tuvieran hijos en el nuevo matrimonio.

Se hablará entre los padres sobre con quién es más conveniente que se queden los hijos la mayor parte del tiempo, y quedará claro que tendrán tiempo con el otro padre en las visitas que deberán realizarse de manera regular todas las semanas.

Los padres deben declarar sinceramente que desean que los hijos sigan manteniendo una buena relación con ambos padres, pues ellos saben que los hijos necesitan un vínculo estable con ambos para tener un desarrollo y crecimiento saludables, por lo que es muy importante evitar hablar mal o descalificar al ex-cónyuge. Tampoco pedir a los hijos su participación activa como pacificadores o beligerantes en los conflictos de los padres, utilizarlos como informantes sobre cómo está el otro o qué hace, ni como portadores de mensajes. Resulta muy perjudicial pedir su ayuda o predisponerlos contra el otro padre, esto los hace sentir desleales y pueden sufrir daños emocionales colaterales por esto.

Expresión libre de sentimientos

Es entendible que los hijos sigan pensando durante mucho tiempo que es posible una reconciliación entre los padres, sobre todo cuando hay ambivalencia en los padres, lo cual les produce angustia. Es importante no enojarse con ellos si alguna vez lo expresan.

Una vez que es real el divorcio o la separación, es necesario que los padres aprendan el rol de padres y dejar el de pareja. Es un tiempo de incertidumbre en el que hay que definir nuevas funciones parentales, también un nuevo ajuste personal y la reconstrucción de las relaciones con la red social. Los hijos específicamente experimentan cierta sensación de caos y confusión y alternan períodos de depresión y el comienzo de la adaptación a una realidad de dos núcleos familiares. La fantasía de la reconciliación sigue todavía.

La adaptación de los hijos es directamente proporcional a las posibilidades de ajuste emocional de los padres y a las posibilidades de ambos de compartir, desde la distancia, la función parental. La regla es: Anteponer las necesidades de los hijos a las de los padres, pero siempre con un criterio racional y sentido común, porque también se puede caer en un consentimiento burdo que propicie niños manipuladores.

Reglas y acuerdos

En general, el reajuste implica que los hijos tendrán dos casas después de la separación, y en las dos deben sentirse a gusto y ser bienvenidos. Los padres deberán mostrarse muy respetuosos con las reglas y formas de vida de sus hijos en la otra casa. También con las creencias y prácticas religiosas.

Los padres, en general, no deberán preocuparse por diferencias de valores y formas de educar a los hijos, ya que los hijos se adaptarán a las diferencias y aprenderán a comportarse adecuadamente en ambas casas, aunque sería mucho más fácil si ambos padres estuvieran de acuerdo en las reglas, límites, horarios, permisos, forma de educar, valores, etc.

Un desarrollo saludable de los hijos requiere un contacto regular con el padre no custodio, a ser posible de un día por semana y de un día y una noche cada dos semanas. Ambos padres deben mostrar su afecto y amor a los hijos trabajando consigo mismos para que estos arreglos y acuerdos puedan tener lugar.

Es derecho de los hijos mantener un contacto estrecho con ambos padres, y es un deber del padre no custodio conseguir tal contacto. Así, se debe dedicar tiempo y energía para hacer agradables las visitas a la casa del padre no custodio, aunque suponga esfuerzo e inconvenientes. Debe mantener la motivación de los hijos a visitarle, aún en la adolescencia, cuando los hijos suelen estar muy ocupados con otras actividades.

El pensamiento de ambos padres debe concentrarse en lograr negociar su divorcio de la forma más sana, para afectar lo menos posible a los hijos. Los cuentos y la terapia de juegos son una buena forma para ayudar a los niños a ventilar sus sentimientos y a entender las decisiones de sus padres, así como para salvaguardarles, hasta donde sea posible, de sus conductas inintecionadamente destructivas, ya que hay que aceptar que el divorcio es un procedimiento drástico, un último recurso, pero que en ocasiones es lo mejor que se puede hacer para que los hijos tengan oportunidad de una convivencia armónica. (Navarro Góngora, José. 1995)

Sugerimos que el trabajo terapéutico con los niños se lleve a cabo utilizando el juego, los cuentos y el dibujo como herramientas para elaborar conflictos. Paralelamente, sería ideal, un trabajo con los padres para poder reflexionar juntos sobre qué le está pasando al niño y cómo ayudarlo.

Las técnicas y recursos narrativos son en general los instrumentos principales de los terapeutas de niños. Los chicos no suelen contarnos su mundo interno solamente con palabras, como hacemos los adultos, lo hacen por medio de narraciones, juegos y dibujos, así los niños nos muestran sus conflictos, las cosas que les angustian, van desplegando su mundo interno y esto les permite ir elaborando sus conflictos, es decir van elaborando y transformando experiencias y vivencias tanto internas como de la realidad exterior.

En este trabajo se presenta un cuento que puede compartirse con los hijos más pequeños durante el proceso o en la etapa de transición hacia la fase de separación física definitiva, el cual será reforzado con preguntas reflexivas al final del mismo. Recordemos que "Estas preguntas, denominadas reflexivas, tienen un propósito facilitador, tienden a estimular la inventiva por parte del terapeuta, y generan una reflexión y unas opciones para el niño y la familia". (Tomm (1988) citado por Freeman J. et.al (2001)

Una familia ovejera[12]

Había una vez, hace muchos años, un reino muy próspero y feliz. Sus habitantes eran amables y cordiales entre ellos y festejaban con entusiasmo los días especiales en que se reunía toda la comunidad en la plaza principal, frente a la entrada del castillo real.

A las orillas del reino, vivía una familia de campesinos en una loma alta de un precioso verde esmeralda. Esta familia se caracterizaba por su amor a la tierra, la cultivaba con esmero, la preparaba para la siembra, y festejaba con mucha alegría el tiempo de la cosecha.

---

[12]　Cuento escrito por Verónica Arredondo Leal.

Esta familia también tenía un rebaño de ovejas, al cual llevaba a pastar diariamente y todos disfrutaban mucho hacerlo. Esta familia estaba formada por los padres y cuatro hijos, quienes corrían muy felices y dichosos por el bosque cercano al castillo del Reino, cuidando al mismo tiempo a varios borregos y a alguna que otra cabra montés.

Pero un aciago día, una nube muy negra y densa se posó sobre la cabaña de esta familia, y todos escucharon la voz estruendosa y ronca de la bruja Envidina, que como ave de mal agüero, lanzó una terrible sentencia sobre esta familia, a la cual envidiaba por ser tan feliz.

Llegaron de pronto los problemas, los pleitos, las riñas, y el amor entre la pareja de campesinos se fue extinguiendo poco a poco, hasta que el amor entre ellos no existía más.

Pero la malvada bruja, con todo y su maligno poder, no pudo destruir el amor de los padres hacia sus hijos, ya que para ambos, ellos seguían siendo lo más importante del mundo y deseaban estar siempre cerca de ellos.

Los hijos, antes tan felices, sintieron su corazón desolado. Los más grandes tal vez hablaban entre ellos, dándose consuelo unos a otros. Los más chicos mostraban su desconsuelo, a veces llorando o siendo un poco berrinchudos y rebeldes, cada uno de los hijos expresaba su enojo o tristeza de diversas maneras, pero definitivamente, el amor de los padres hacia los hijos no se modificó ni un tantito así, **nunca, nunca**…y esto fue una terrible derrota para la bruja, quien tuvo que aceptar su fracaso, muy a su pesar y a regañadientes, cuando como por arte de magia, la nube densa y negra sobre la cabaña de los campesinos se empezó a desvanecer paulatinamente con los cálidos y brillantes rayos del sol.

La armonía volvió a ese hogar, y aunque uno de los padres tuvo que ir a vivir a otro lado, los padres se propusieron ser amigos y tener una buena comunicación, sobre todo respecto a los hijos, ya que los unía la firme decisión de trabajar armónicamente por su bienestar. Así que se pusieron de acuerdo en todo lo referente a los hijos y sobre todo, en que siempre estarían para ellos cuando los necesitaran. De esta manera, y con el tiempo, poco a poco, los hijos fueron superando esa tristeza que sentían en el corazón, y volvieron a correr libres y dichosos por el bosque cercano al reino, y también a cuidar de sus borregos y de alguna que otra cabra montés…"

Una vez terminada la lectura del cuento, se procede a una sesión de preguntas reflexivas para generar experiencia, ya que "…en la terapia narrativa se invita a los niños y a las familias a compartir explicaciones de hechos pasados y a especular sobre el futuro en el contexto del curso de una historia nueva". (Freeman J. et al. 2001)

Con estas preguntas, más que desear reunir información, lo que se persigue es que la familia reflexione sobre algunos puntos y que se generen alternativas de experiencias deseadas a una narración saturada de problemas. (Freeman J. et.al. 2001) Por ejemplo las siguientes:

➢ ¿Qué piensas sobre este cuento? ¿Qué nos quiere decir?

➢ ¿Qué fue lo más te llamó la atención del cuento y por qué?

➢ ¿Sabías que se puede terminar el amor de pareja, pero mantenerse el amor a los hijos? ¿Qué opinan ustedes sobre eso?

➢ ¿Qué habrá pasado con el papa y/o mama que ya no vivió con sus hijos? ¿Cómo será su vida?

➢ Y la de los hijos, ¿cómo será? ¿Cómo podrán seguir en contacto con ese papá que ya vive en otro lado?

➢ ¿Y qué harán cuando se reúnan con ese papá que ya vive en otro lugar?

➢ Tú, ¿cómo expresas tu tristeza o tu desconsuelo?

➢ ¿Se vale estar de mal humor cuando las cosas van mal?

➢ Es interesante observar en este cuento que los padres, aunque se separen y no vivan más en la misma casa, siempre estarán ahí para sus hijos…¿tú qué piensas de eso?

➢ ¿Cómo debe ser la comunicación entre los miembros de una familia?

> ¿Cómo te hace sentir el que los niños volvieron a jugar y a correr por el bosque y a cuidar a sus animales?

> ¿Qué te parece la forma en que esta familia superó el problema que se le presentó?

> ¿Algo de esto tendrá que ver con lo que ustedes están viviendo actualmente y que pudieran utilizar en su caso?

Estas son sólo algunos ejemplos de preguntas reflexivas, pero esta posibilidad está abierta a la creatividad y sentido de observación del terapeuta, ya que en realidad deberán ser preguntas adaptadas a la edad de cada hijo y y características particulares de cada familia, lo importante es motivar la libre expresión de emociones e ideas para que quede establecido que es válido expresar nuestros sentimientos y también que quede la idea general de que, una vez realizada la adaptación, la vida seguirá su curso en algún momento.

CONCLUSIONES

Aunque los cambios, al principio, generan miedo a lo desconocido, a lo inesperado y a lo imprevisto, el cambio también es una fuente de oportunidad y de crecimiento. Los que deciden divorciarse, son valientes y muestran deseos de estar bien y de ser felices, pueden descubrir en este proceso de cambio algunas habilidades y cualidades que quizá desconocían o no habían utilizado hasta entonces, todo lo cual abre nuevas posibilidades en la vida de todos los integrantes de la familia, siempre y cuando los padres se responsabilicen del proceso de adaptación hacia una nueva estructura de relación, respetando y siendo comprensivos con los hijos, dándoles el apoyo necesario para cruzar el periodo de adaptación y sobre todo, con la firme convicción de establecer una relación de pareja parental con el otro cónyuge en beneficio de los hijos y de la armonía familiar.

Referencias Bibliográficas

CANTÓN, J. y JUSTICIA, M., "Problemas de adaptación de los hijos divorciados" en Cantón, J, Cortes, M y Justicia, M. (2000), *Conflictos Matrimoniales, Divorcio y Desarrollo de los Hijos*. Ed. Pirámide, Madrid, cap.4.

FREEMAN, JENNIFER, EPSTON DAVID y LOBOVITS DEAN. (2001)*Terapia narrativa para niños. Aproximación a los conflictos familiares a través del juego*. Ed. Paidós. Barcelona.

Instituto Nacional de Estadística e Informática, INEGI (2012), "Indicadores sobre la situación conyugal de la población, matrimonios y divorcios ocurridos en México".

McKAY, M., ROGERS, P., BLADES, J., y GOSSE, R., (2000) *El Libro del divorcio y la separación*. Ediciones Robinbook. España.

NAVARRO GÓNGORA, JOSÉ. (1995) "Ruptura familiar, proceso e intervención" en *Parejas en situaciones especiales*. Ed. Paidós. Barcelona.

RODRÍGUEZ. L., (2003) *Cómo ayudar a los hijos de padres divorciados*, Ed. Aguilar. México.

Consideraciones finales

Una de las reflexiones más importantes a las que hemos llegado a lo largo de varios años de trabajo psicoterapéutico con familias, es que cada una de ellas es diferente y única, y que la terapia que requiere depende de sus necesidades, motivación y capacidad de respuesta. Es por ello que el presente libro ofrece una visión integradora de varias perspectivas: la sistémica, la terapia breve centrada en soluciones y la terapia narrativa, para elegir en cada caso, los recursos necesarios y las técnicas específicas para acompañar y apoyar a las familias, de manera respetuosa y empática, a encontrar las mejores soluciones para su situación.

Otra consideración importante es que hoy podemos asegurar, con base en nuestra experiencia, que las técnicas narrativas tienen un potencial terapéutico muy importante para generar recursos nuevos frente a situaciones problemáticas, ya que de una manera indirecta, como hablando de "otro", la historia va implicando al escucha, de manera sutil, pausada, y de una manera casi imperceptible, la historia logra conectar las experiencias del oyente con las del protagonista, ya que la relación sugerida metafóricamente puede llegar a ser muy clara y contundente en los aspectos de la vida implicados en el problema a resolver.

También hemos descubierto, a lo largo de estos años de explorar alternativas creativas, que no es necesario ser escritor o poeta para compartir un cuento terapéutico, ya que existen muchas vías para contar con los recursos narrativos necesarios para compartir con los niños y sus familias. Lo más importante es que el terapeuta se "conecte" con la historia de la familia o de la persona que consulta, ya que el relato a compartir en las sesiones deberá ser, idealmente, una co-creación de una nueva historia para esa familia, que abra el abanico de posibilidades y proporcione la ruta para el cambio.

Hay muchas opciones al respecto, por ejemplo, podemos crear historias específicamente para esa familia, o utilizar los cuentos como son presentados originalmente en algún libro, o modificarlos para adecuarlos a la realidad de los pacientes; también existe la posibilidad de que el terapeuta cuente con un buen acervo de historias muy bien conocidas para que pueda compartirlas de manera espontánea y fluida en distintas situaciones y momentos de la sesión.

Nos hemos dado cuenta también de que el uso de recursos narrativos convierten las sesiones, la mayoría de las veces, en encuentros significativos y divertidos, y que en esos ambientes relajados, la expresión de los sentimientos es mucho más libre y espontánea, posibilitando así una mayor motivación para el cambio requerido por ese sistema familiar.

Finalmente, queremos señalar, con base en nuestra experiencia, que los cuentos, metáforas y otras técnicas narrativas, son un complemento eficaz de la terapia sistémica breve para trabajar específicamente con niños y sus familias, quienes ponen su imaginación, su entusiasmo y su compromiso al servicio de su propia forma para salir de la situación problemática, identificando las mejores posibilidades particulares de solución, que en efecto, **"cada persona rescata de su interior"**.

Bibliografía general

❖ AGUIRRE GÓMEZ, M.Y., ÁLVAREZ CÓRDOVA, M. (2007) *Historias para contarse... y crecer juntos*. Ed. ALOM editores y Ed. Cenzontle. México.

❖ BOWEN, M. Family reactions to Death. En P. Guerin (de.), (1976) Family Therapy. Theory and Practice, Gardner Press, Lakeworth, Florida.

❖ BOWLBY, J. (1993) *La pérdida afectiva*. Ed. Paidós, Barcelona.

❖ CANTÓN, J. y JUSTICIA, M., "Problemas de adaptación de los hijos divorciados" en Cantón, J, Cortes, M y Justicia, M. (2000), *Conflictos Matrimoniales, Divorcio y Desarrollo de los Hijos*. Ed. Pirámide, Madrid, cap.4.

❖ DEL PINO MONTECINOS, J.I.; PÉREZ, J.; ORTEGA BEVIA, F. *Resolución de duelos complicados desde una óptica sistémica.* 10 párrafos, en red, disponible en:www.dipalicante.es/hipokrates/hipokrates_I/pdf/ESP/434e.pdf

❖ FREEMAN, JENNIFER, EPSTON, DAVID y LOBOVITS DEAN. (2001)*Terapia narrativa para niños. Aproximación a los conflictos familiares a través del juego*. Ed. Paidós. Barcelona.

❖ Instituto Nacional de Estadística e Informática, INEGI (2012), "Indicadores sobre la situación conyugal de la población, matrimonios y divorcios ocurridos en México".

❖ KÜBLER-ROSS, E. (1989) *Sobre la Muerte y los Moribundos*. Ed. Grijalbo, Barcelona.

❖ LINARES, J. L. (1990), *Identidad y Narrativa. La Terapia Familiar en la práctica Clínica*, Barcelona, Paidós.

❖ McKAY, M., ROGERS, P., BLADES, J., y GOSSE, R., (2000) *El Libro del divorcio y la separación*. Ediciones Robinbook. España.

❖ NAVARRO GÓNGORA, JOSÉ. (1995) "Terapia familiar con enfermos físicos crónicos" en Navarro Góngora, José y Beyebach Mark. (compiladores) *Avances en terapia familiar sistémica*. Barcelona. Ed. Paidós. (Terapia familiar) pp.299-335

❖ NAVARRO GÓNGORA, José. (1995) "Ruptura familiar, proceso e intervención" en *Parejas en situaciones especiales*. Ed. Paidós. Barcelona.

❖ PEREIRA, R. T. (2002) "Hacia un Modelo Familiar del Duelo", Mosaico, Monográfico de Duelo, Segundo Cuatrimestre. Julio 2002.

❖ REYES, A. GARRIDO A. TORRES L. Y ORTEGA P. (2010) "Cambios en la cotidianidad familiar por enfermedades crónicas" en *Psicología y Salud,* Vol. 20, Núm. 1: 111-117, enero-junio de 2010

❖ ROBERTS, J. (1991) "Encuadre: Definición y tipología de los rituales" en *Rituales Terapéuticos y Ritos en la Familia*, Barcelona, Ed. Gedisa.

❖ RODRÍGUEZ, M. (2004), "El Cuento Terapéutico: El Método de la Magia", en *Revista SEFPSI*, Pág. 193-208, Vol. 7, Año 2004, No. 1-2

❖ RODRÍGUEZ L., (2003) *Como ayudar a los hijos de padres divorciados*, Ed. Aguilar. México.

❖ ROLLAND, J. (2000). *Familias, Enfermedad y Discapacidad. Una propuesta desde la Terapia Sistémica*. Barcelona. Ed. Gedisa.

❖ ROSEN, S. (1982). *Mi Voz irá Contigo. Los Cuentos Didácticos de Milton H. Erickson*, Barcelona, Paidós.

❖ VELASCO, M. L. y SINIBALDI, J. (2001). *Manejo del enfermo crónico y su familia (sistemas, historias y creencias).* México: Manual Moderno.

❖ WHITE, M. y EPSTON, D. (1990), *Medios narrativos con fines terapéuticos.* Barcelona, Paidós.

❖ ZEIGH, J. (1990), *Un seminario didáctico con Milton Erickson,* Argentina, Amorrourtu.